Sésame

Méthode de français A1

Hugues Denisot

FRANÇAIS LANGUE ÉTRANGÈRE

Présentation d'un parcours

Trois doubles-pages de leçon

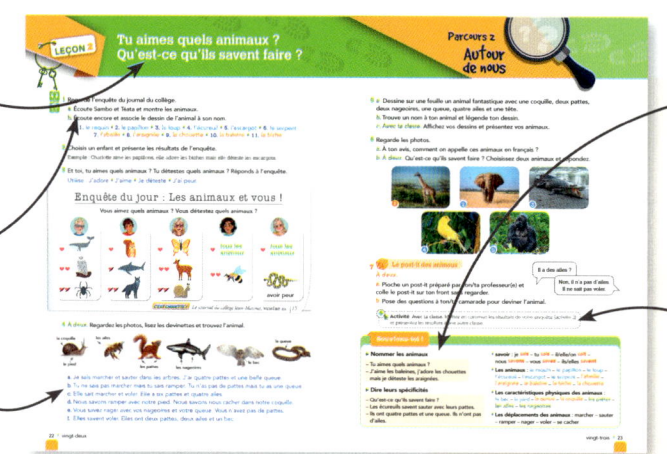

Un objectif communicatif sous la forme de questions

Des consignes claires et des modalités de travail variées

Des jeux et des activités à faire seul(e) ou à plusieurs

Un rappel des points de langue et des actes de paroles

« Activités + » : des ressources riches et modulables pour répondre à toutes les situations de classe (niveaux hétérogènes, volumes horaires variables…)

Une double-page « Nous découvrons »

Une rubrique « Nos projets »

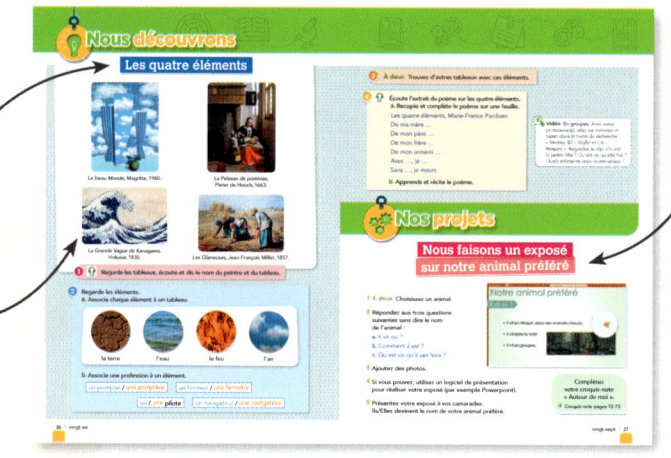

Des thèmes variés pour stimuler la curiosité des élèves

Un document de source authentique pour découvrir le sujet de la leçon

Une tâche créative à réaliser en interaction

Une double-page « Jeu d'évasion » coopératif

À la fin de chaque parcours, un jeu d'évasion entraîne la classe dans l'univers d'une personnalité qui accueille les élèves, annonce la mission puis révèle et valide le code secret

Six énigmes faisant appel à différentes stratégies et intelligences, pour mobiliser et tester les connaissances des élèves

Présentation des annexes

Une double-page « Quiz des talents »

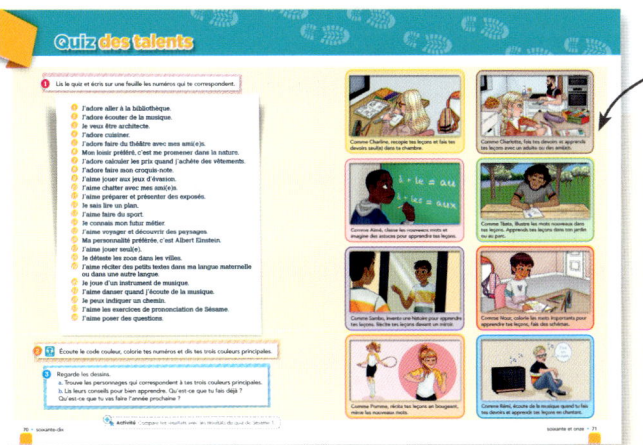

Un questionnaire pour permettre aux élèves de découvrir leurs intelligences dominantes et à quels personnages ils/elles ressemblent

Un croquis-note illustré

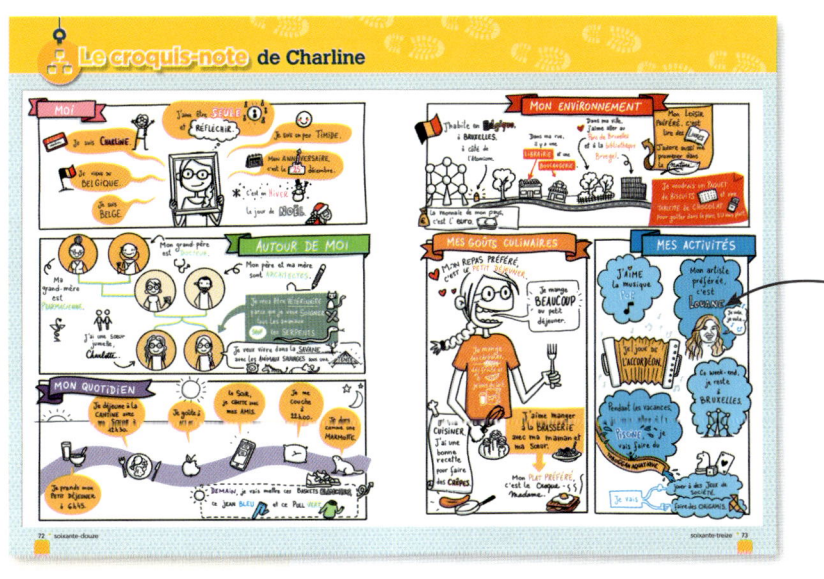

Un croquis-note à réaliser et à compléter à la fin de chaque parcours

Un précis de grammaire

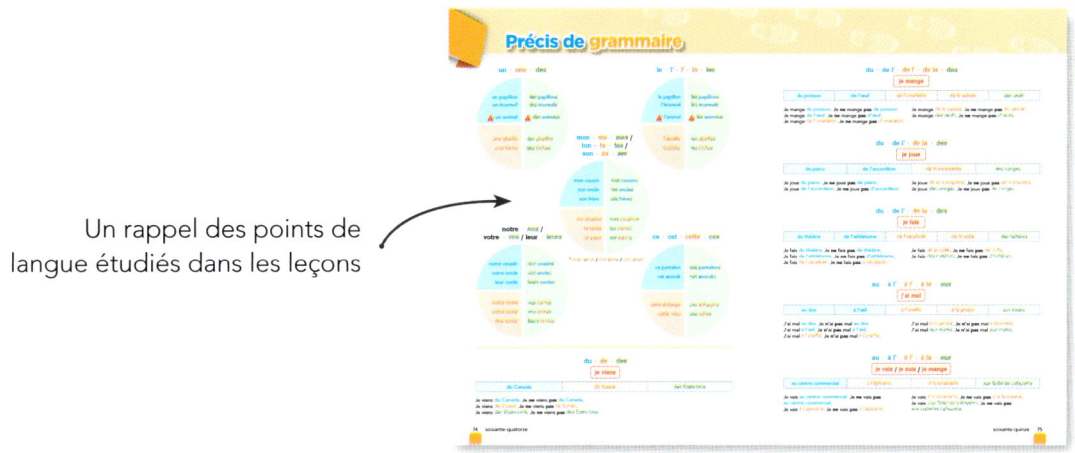

Un rappel des points de langue étudiés dans les leçons

Présentation des Jeux d'évasion

But du jeu : Résoudre les six énigmes pour pouvoir gagner une clé, sortir de la salle et accéder au parcours suivant.

Parcours 1 — Salle Albert Einstein

Personnalité : Albert Einstein (1879-1955), physicien helvético-américain. Il reçoit le prix Nobel de physique en 1921.
Univers : une salle de classe des années 1920.
Intelligence prédominante : intelligence logico-mathématiques.
Couleur de la clé : rose.

Parcours 2 — Salle Ruth Buendia

Personnalité : Ruth Buendia (1977-…), environnementaliste péruvienne. Elle représente le peuple ashaninka. Elle reçoit le Prix Goldman de l'Environnement en 2014.
Univers : un village ashaninka dans la forêt amazonienne du Pérou.
Intelligence prédominante : intelligence du naturaliste.
Couleur de la clé : verte.

Parcours 3 — Salle Fernand Raynaud

Personnalité : Fernand Raynaud (1926-1973), artiste comique français.
Univers : une scène de théâtre.
Intelligence prédominante : intelligence verbo-linguistique.
Couleur de la clé : violette.

Parcours 4 — Salle Oscar Niemeyer

Personnalité : Oscar Niemeyer (1907-2012), architecte et designer brésilien. Il est surtout connu pour la conception de la capitale brésilienne Brasilia, avec l'urbaniste Lucio Costa.
Univers : le bureau d'architecte d'Oscar Niemeyer à Rio de Janeiro.
Intelligence prédominante : intelligence visuo-spatiale.
Couleur de la clé : rouge.

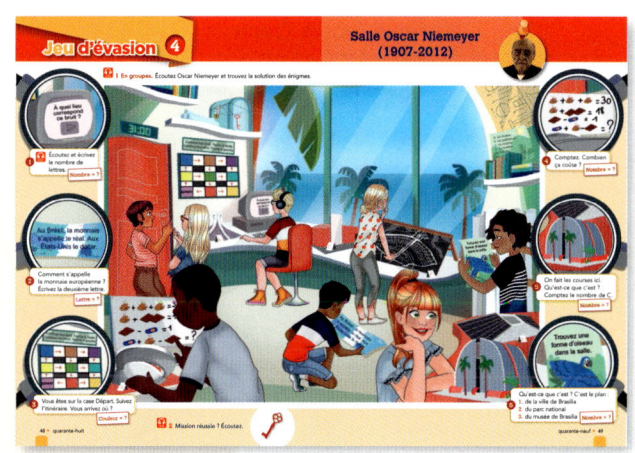

Parcours 5 — Salle Rougui Dia

Personnalité : Rougui Dia (1976-…), cheffe cuisinière française d'origine sénégalaise. Elle fait partie des rares femmes françaises à exercer ce métier. En 2016, elle ouvre une pâtisserie consacrée aux babas à Paris.
Univers : la cuisine d'un restaurant parisien.
Intelligence prédominante : intelligence kinesthésique.
Couleur de la clé : orange.

Parcours 6 — Salle Louane

Personnalité : Louane Emera (1996-…), chanteuse, musicienne et actrice française. Elle se fait remarquer dans l'émission « The Voice ». Elle devient célèbre grâce au film « La famille Bélier » et à la reprise de la chanson « Je vole », de Michel Sardou.
Univers : un studio d'enregistrement.
Intelligence prédominante : intelligence musicale.
Couleur de la clé : bleue.

cinq • 5

Tableau des contenus

		Communication	Lexique
Parcours 1 Nous	**LEÇON 1** Tu viens d'où ? Quelle est ta nationalité ?	• Demander et dire qui on est • Demander et dire l'origine et la nationalité	• les nationalités • les pays
	LEÇON 2 C'est quand ton anniversaire ? Tu es né(e) quand ?	• Demander et dire une date d'anniversaire • Demander et dire quand on est né(e)	• les mois de l'année • les saisons • les années
	LEÇON 3 Quel est ton caractère ?	• Demander et dire son caractère	• le caractère
Jeu d'évasion	Salle Albert Einstein (1879-1955)		
Parcours 2 Autour de nous	**LEÇON 1** Que font les membres de ta famille ? Et toi, qu'est-ce que tu veux faire ?	• Parler de sa famille et des professions	• les membres de la famille • les professions
	LEÇON 2 Tu aimes quels animaux ? Qu'est-ce qu'ils savent faire ?	• Nommer les animaux • Dire leurs spécificités	• les animaux • les caractéristiques physiques des animaux • les déplacements des animaux
	LEÇON 3 Tu vis où ? Tu veux vivre où ?	• Nommer un paysage et une habitation	• les paysages • les habitations
Jeu d'évasion	Salle Ruth Buendia (1977- …)		
Parcours 3 Notre quotidien	**LEÇON 1** Qu'est-ce que tu fais le matin ?	• Parler de ses activités quotidiennes (1) • Dire l'heure (1)	• les activités quotidiennes (1) • les heures (1) • les moments de la journée (1)
	LEÇON 2 Qu'est-ce que tu fais après l'école ?	• Parler de ses activités quotidiennes (2) • Dire l'heure (2)	• les activités quotidiennes (2) • les heures (2) • les moments de la journée (2)
	LEÇON 3 Tu vas t'habiller comment demain ?	• Parler des vêtements	• les vêtements
Jeu d'évasion	Salle Fernand Raynaud (1926-1973)		
Parcours 4 Notre environnement	**LEÇON 1** Qu'est-ce qu'il y a dans ta ville ? Quel est ton loisir préféré ?	• Présenter les lieux de loisirs de sa ville • Dire ses loisirs préférés	• les lieux de loisirs • les loisirs
	LEÇON 2 Est-ce qu'il y a une boulangerie ? Où est la librairie ?	• Nommer les commerces de sa ville • Demander et indiquer un itinéraire	• les commerces • les directions
	LEÇON 3 Qu'est-ce que tu achètes ? Combien coûte ce livre ?	• Demander et dire ce qu'on achète • Demander et dire le prix • Formuler une demande poliment	• les quantités • les aliments et les boissons (1) • le prix
Jeu d'évasion	Salle Oscar Niemeyer (1907-2012)		
Parcours 5 Nos goûts culinaires	**LEÇON 1** Quel est ton repas préféré ? Qu'est-ce que tu manges ?	• Parler des repas de la journée et des aliments • Dire ce qu'il faut faire ou ne pas faire	• les repas de la journée • les aliments et les boissons (2)
	LEÇON 2 Tu manges où ce midi ? Qu'est-ce que tu peux manger ?	• Demander et dire où on mange • Demander et dire ce qu'on peut manger	• les lieux de restauration • les aliments (3)
	LEÇON 3 Qu'est-ce que tu cuisines ? Qu'est-ce qu'il faut ?	• Demander et dire ce qu'on cuisine • Demander et dire les ingrédients et les ustensiles d'une recette • Dire les étapes d'une recette	• les ingrédients • les ustensiles
Jeu d'évasion	Salle Rougui Dia (1976-…)		
Parcours 6 Nos activités	**LEÇON 1** Tu aimes quel genre de musique ? Qui est ton artiste préféré(e) ?	• Nommer des genres musicaux • Demander et dire son artiste préféré(e) • Donner son appréciation	• la musique (les professions, les genres, le rythme, l'ambiance, la voix)
	LEÇON 2 Tu joues d'un instrument ?	• Dire de quel instrument on joue	• les instruments de musique
	LEÇON 3 Qu'est-ce que tu vas faire pendant les vacances ?	• Parler de ses activités pendant les vacances • Se situer dans le temps	• les activités
Jeu d'évasion	Salle Louane (1996-…)		

Grammaire	Prononciation	Culture	Nos projets
• *être* au présent + nationalité • *venir de* au présent + pays • les prépositions devant les noms de pays *(du, de, des)* • les pronoms toniques • *C'est le* + date + saison • *Je suis né(e) le* + date + saison • l'accord des adjectifs • *un peu* et *très*	• L'intonation	• Nous découvrons des journées internationales	• Mon croquis-note • Notre pièce de théâtre : *Sésame se raconte*
• *C'est* + nom. *Il/Elle est* + métier • *vouloir* au présent + *être* + métier • le féminin et le masculin des professions • *pourquoi / parce que* • *savoir* au présent + verbe à l'infinitif • *avoir / ne pas avoir de* • *notre, votre, leur, nos, vos, leurs* • *vivre* au présent	• Prononcer le son *eu* en français	• Nous découvrons les quatre éléments	• Nous faisons un exposé sur notre animal préféré
• les verbes pronominaux au présent • *prendre* au présent • *rentrer de l'école, déjeuner, goûter, faire ses devoirs, chatter avec ses amis, dîner, regarder la télévision, se coucher, dormir* au présent • le futur proche : *aller* au présent + verbe à l'infinitif • les démonstratifs	• Prononcer le son *r* en français	• Nous découvrons des expressions francophones	• Nous fabriquons l'affiche « Nos activités idéales »
• *Il y a / Il n'y a pas de* • *tourner, continuer, traverser, passer devant* à l'impératif affirmatif (tu) • *acheter* au présent • *du, de la, de l', des* + aliments/boissons • *Je voudrais…, s'il vous plaît.*	• Prononcer le son *ieu* en français	• Nous découvrons Bruxelles, la capitale de l'Europe	• Nous faisons une carte postale sonore de notre ville
• *un peu* et *beaucoup* • *Il faut / Il ne faut pas* • *manger du, de la, des* au présent • *boire du, de l'* au présent • *manger au, à la* au présent • *pouvoir* au présent + verbe à l'infinitif • *casser, battre, mélanger, ajouter, verser, sortir, faire fondre / chauffer / cuire* à l'impératif affirmatif et négatif (vous)	• Prononcer le son *qu* en français	• Nous découvrons des repas de pays francophones	• Nous présentons des plats de notre pays
• *C'est* + adjectif • *jouer du, de la, de l', des* au présent • *ce matin, cet après-midi, ce soir, demain, après-demain, ce week-end, la semaine prochaine*	• Prononcer le son *ch* en français	• Nous découvrons la France d'outre-mer	• Nous organisons la fête de fin d'année

Annexes

Quiz des talents ...... p. 70   Croquis-note .... p. 72   Précis de grammaire ... p. 74

Finies les vacances...

1 Regarde les dessins, écoute et répète.

2 En groupes. Choisissez et jouez une scène.

C'est la rentrée !

🎧 **3** Regarde les dessins et écoute les dialogues.

    a. Lis les questions.

    b. Lance un dé. Lis le dialogue correspondant au numéro du dé avec un(e) camarade.

❶
– Je m'appelle Monsieur COLIN.
– Vous pouvez épeler, s'il vous plaît ?
– Bien sûr. C. O. L. I. N.

❷
– Léo, lis la consigne, s'il te plaît.
– Je ne comprends pas. Vous pouvez répéter, s'il vous plaît ?
– Lis la consigne, s'il te plaît.

❸
– *Sorry, I'm late…* Euh, comment on dit en français ?
– On dit « Excusez-moi, je suis en retard ».

❹
– Comment ça s'écrit ?
– Ça s'écrit S. A. L. U. T.

❺
– Comment ça se prononce « À plus » ?
– À +. Bravo ! Tu as une bonne prononciation !

❻
– Qu'est-ce que ça veut dire « À bientôt » ?
– Ça veut dire « *See you soon* ».

 Activité En groupes. Écrivez les questions dans des bulles et affichez les questions dans la classe.

LEÇON 1
Tu viens d'où ?
Quelle est ta nationalité ?

1 C'est la rentrée des classes à Bruxelles. Écoute les enfants et répète leurs prénoms.

2 Regarde les dessins, écoute les enfants et dis le numéro.

3 Regarde les dessins, écoute les phrases et réponds.

4 À deux. Regardez le site Internet page 11 et répondez.
  a. C'est le site d'un collège ou d'une radio ?
  b. Sur le site, on peut écouter une émission de radio ou regarder un dessin animé ?
  c. À votre avis, les enfants parlent des nationalités ou des langues ?
  d. Regardez les drapeaux. Vous pouvez nommer quels pays ?

Parcours 1
NOUS

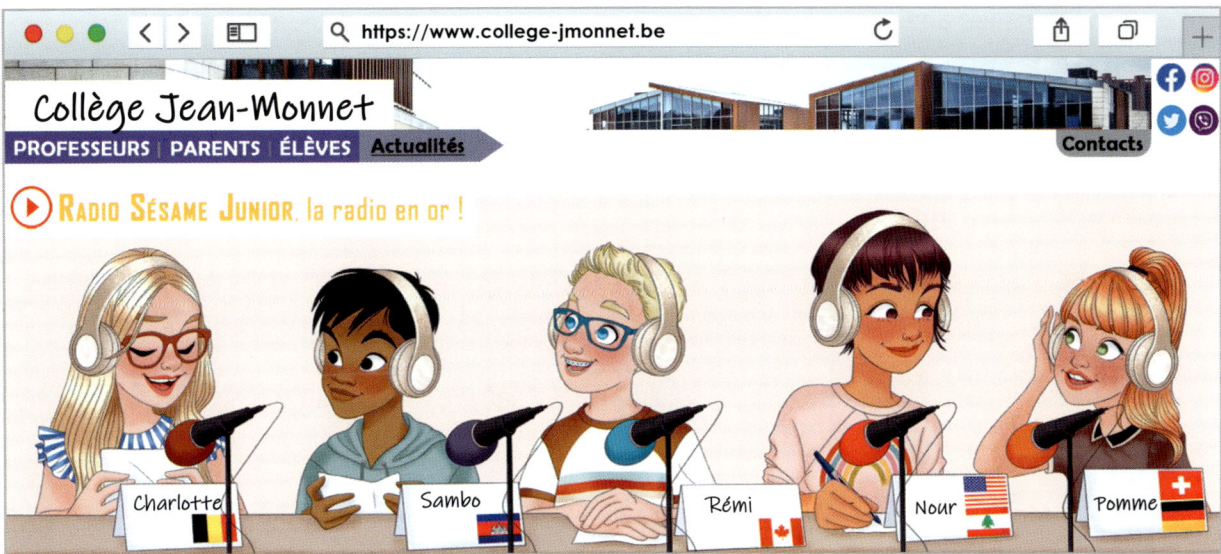

5 Écoute l'émission du collège Jean-Monnet.
   a. Vérifie tes réponses de l'activité 4.
   b. Lis et complète les phrases sur une feuille.
   1. Moi, …, je suis canadien. Je viens du Québec.
   2. Toi, …, tu es américaine et libanaise. Tu viens des États-Unis.
   3. Elle, …, elle est suisse et allemande. Elle vient de Suisse.
   4. Lui, …, il est cambodgien. Il vient du Cambodge.

6 À deux. Associez les phrases aux drapeaux.
   a. Téata vient de Papeete, sur l'île de Tahiti. Il est français.
   b. Charlotte et Charline ne sont pas allemandes, elles sont belges.
   c. Aimé vient du Bénin. Il est béninois.

1.   2.   3.

7 a. Lis les questions et réponds oralement ou sur une feuille.
   Qui es-tu ? Tu viens d'où ? Quelle est ta nationalité ?
   b. À deux. Pose les questions à ton/ta camarade.

Souviens-toi !

▶ **Demander et dire qui on est**
– Qui es-tu ?
– Je suis Sambo.

▶ **Demander et dire l'origine et la nationalité**
– Tu viens d'où ?
– Je viens du Cambodge, de Suisse, des États-Unis.
– Quelle est ta nationalité ?
– Je suis américaine et libanaise.

- **venir** : je viens – tu viens – il/elle/on vient – nous venons – vous venez – ils/elles viennent.
- **moi**, je suis – **toi**, tu es – **elle**, elle est – **lui**, il est – **nous**, on est – **nous**, nous sommes – **vous**, vous êtes – **elles**, elles sont – **eux**, ils sont
- **Les nationalités** : belge – suisse – français / française – libanais / libanaise – américain / américaine – allemand / allemande – béninois / béninoise – canadien / canadienne – cambodgien / cambodgienne

C'est quand ton anniversaire ?
Tu es né(e) quand ?

🎧 008 **1** Aimé écrit les anniversaires de ses amis sur sa tablette.

   a. Écris les prénoms de Charline, Charlotte, Nour, Rémi et Sambo sur cinq étiquettes.

   b. Écoute Aimé et Sambo et complète le calendrier des anniversaires avec les étiquettes.

🎧 009 **2** Vrai ou faux ? Regarde le calendrier et écoute. C'est vrai, reste assis. C'est faux, lève-toi et corrige.

3 À deux. Lisez et trouvez l'intrus. Justifiez.

   a. hiver – printemps – octobre – automne
   b. janvier – juin – juillet – août
   c. 22 septembre – 21 décembre – 20 mars – 21 août

4 🎲 **La chaîne des mois de l'année**

   Avec ta classe.

   La classe dit les douze mois de l'année. Chaque élève parle quand il/elle veut. Deux élèves parlent en même temps ? Il faut tout recommencer !

Parcours 1
NOUS

5 Regarde la page de magazine et réponds.
  a. Comment s'appelle le magazine ?
  b. Qui est Valentina ?
  c. Tu connais « The Voice Kids » ou « l'Eurovision Junior » ?

6 Lis l'interview et associe les événements aux dates.
  a. naissance de Valentina
  b. Valentina est membre des « United Kids »
  c. Valentina gagne l'Eurovision Junior

  1. en 2018
  2. le 29 novembre 2020
  3. le 6 avril 2009

7 À deux. Relisez l'interview et répondez aux questions sur une feuille.
  a. Quelle est la nationalité de Valentina ?
  b. Elle a quel âge ?
  c. Quelle est sa saison préférée ?

8 a. Lis les questions et réponds oralement ou sur une feuille.

Tu es né(e) quand ? En quelle saison ? Tu as quel âge ?

  b. À deux. Pose les questions à ton/ta camarade.

Valentina, gagnante de l'Eurovision Junior

Marc Martin : Bonjour Valentina ! Alors, qui es-tu ?
Valentina Tronel : Je m'appelle Valentina. Je suis française. Je viens de Rennes, en Bretagne et je suis chanteuse.
Marc Martin : Et tu es née quand ?
Valentina Tronel : Je suis née le 6 avril 2009 (deux mille neuf).
Marc Martin : À huit ans, tu chantes à « The Voice Kids France ». En 2018 (deux mille dix-huit), tu es membre des United Kids et le 29 novembre 2020 (deux mille vingt), tu gagnes le Concours Eurovision de la chanson Junior avec ta chanson « J'imagine ». Tu danses aussi ?
Valentina Tronel : Oui. Je suis très active. J'ai 1000 (mille) activités mais je préfère la danse et la chanson. J'aime aussi les fêtes d'anniversaire, les cadeaux et l'été parce que j'adore le soleil.

Enfants stars • 19

Souviens-toi !

▶ **Demander et dire une date d'anniversaire**
– C'est quand ton anniversaire ?
– C'est le 13 septembre, en été.

▶ **Demander et dire quand on est né(e)**
– Tu es né(e) quand ?
– Je suis né(e) le 6 avril 2009 (deux mille neuf), au printemps.

• **Les mois de l'année :** janvier – février – mars – avril – mai – juin – juillet – août – septembre – octobre – novembre – décembre

• **Les saisons :** le printemps – l'été – l'automne – l'hiver

• **Les années :** 2000 (deux mille) – 2001 (deux mille un) – 2010 (deux mille dix) – 2021 (deux mille vingt et un)

Leçon 3 — Quel est ton caractère ?

1 Sambo et ses amis font du théâtre avec leur professeur. Ils jouent au jeu des caractères. Regarde la bande dessinée et écoute les dialogues.

2 Écoute les phrases et dis le nom de l'enfant et son caractère.

Exemple : Téata est gentil.

Quels caractères !

— Aujourd'hui, nous allons jouer au jeu des caractères. Je commence !
— Je suis méchant !
— Je ne suis pas peureux. Je suis courageux.
— Moi, je suis gentil.
— Moi, je suis timide.
— Moi, je suis un peu curieuse. J'aime observer.
— Moi, je suis drôle. Je fais le clown.
— Moi, je suis sérieux. Je prends des notes.
— Moi, je bouge beaucoup. Je suis très active.
— Et toi, Charlotte ? Quel est ton caractère ? Bavarde peut-être ?
— Bla bla bla bla...

3 Regarde les personnages. Qui est curieux / curieuse ? méchant / méchante ? bavard / bavarde ? actif / active ?

 ❶
 ❷
 ❸
 ❹

Parcours 1
NOUS

4 **Le domino des caractères**

Avec ta classe.

a. Un/Une élève se place face à la classe. Il/Elle tend le bras droit et dit : *Je suis drôle.* Il/Elle tend le bras gauche et dit : *Je suis timide. Qui est comme moi ?*

b. Un/Une autre élève se place à droite ou à gauche de son/sa camarade selon son caractère et dit : *Je suis comme toi parce que je suis drôle/timide.* Il/Elle ajoute un autre trait de caractère.

c. Chaque élève à son tour se place à droite ou à gauche de la chaîne et ajoute un trait de caractère.

 5 **Prononciation**

a. Écoute et répète les phrases avec le ton.

Je ne suis pas timide. • Je suis un peu timide. • Je suis très timide.

b. Regarde la bande dessinée, lis les phrases et dis qui c'est.

Il n'est pas peureux. • Elle est un peu curieuse. • Elle est très active.

6 Quel est ton caractère ?

a. Écris ton prénom et les réponses sur un post-it.

1. Je ne suis pas … .

2. Je suis un peu … .

3. Je suis très … .

b. Avec ta classe. Affichez votre post-it au tableau et trouvez un camarade avec le même caractère que vous.

 7 a. Écoute encore la bande dessinée et lis les dialogues.

b. Apprends un rôle et joue la scène avec tes camarades.

 Activité À trois. Choisissez trois personnages d'un livre, d'une série ou d'un film. Présentez leurs caractères. Vous pouvez aussi les décrire.

Souviens-toi !

▶ **Demander et dire son caractère**

– Quel est ton caractère ?
– Je ne suis pas timide. Je suis un peu curieuse. Je suis très active.

• **Le caractère :** drôle – timide – méchant / méchante – bavard /bavarde – gentil / gentille – sérieux / sérieuse – curieux / curieuse – courageux / courageuse – peureux / peureuse – actif / active

• un peu – très

quinze • 15

Nous découvrons

Des journées internationales

1 année = 12 mois = 4 saisons = 52 semaines = 365 ou 366 jours

20 septembre
Journée du sport

28 octobre
Journée du film d'animation

28 novembre
Journée des professeurs de français

10 décembre
Journée pour les droits des animaux

10 janvier
Journée de Tintin

2 février
Journée de la crêpe (Chandeleur)

20 mars
Journée de la Francophonie

22 avril
Journée de la Terre

1er mai
Journée du rire

21 juin
Journée de la musique

30 juillet
Journée de l'amitié

1er août
Journée de la frite belge

1 Regarde le calendrier. Tu connais quelle(s) journée(s) internationale(s) ?

2 Regarde encore le calendrier. Écoute et dis le nom de la journée et sa date.

3 Lis les questions et réponds.
  a. Quelle est ta journée préférée sur ce calendrier ? Pourquoi ?
  b. Quelles journées sont fêtées dans ta famille, ton école, ton pays ?
  c. Selon toi, quelles journées internationales ou nationales importantes ne sont pas dans ce calendrier ?

 Vidéo En groupes. Regardez le dessin animé *La migration bigoudenn*. Il s'agit de quelle fête francophone ? Elle a lieu quel jour ? Que font les personnages ?

Nos projets

Mon croquis-note

1 Observe le croquis-note de Charline.

2 Réalise et complète ton croquis-note à la fin de chaque parcours : écris des mots, des phrases et ajoute des dessins.
→ Croquis-note p. 72-73

Notre pièce de théâtre : *Sésame se raconte*

1 **Avec ta classe.** Après chaque parcours, écrivez ou choisissez un texte mettant en scène les huit enfants (bandes dessinées, dialogues, « Souviens-toi ! »).

2 Choisissez et apprenez un rôle.

3 Jouez ou filmez la pièce pour le spectacle de fin d'année de l'école.

dix-sept • 17

Jeu d'évasion 1

🎧 015 **1 En groupes.** Écoutez Albert Einstein et trouvez la solution des énigmes.

> Il commence par la dixième lettre de l'alphabet. C'est le sixième.

1 C'est quel mois de l'année ? Écrivez la dernière lettre.
Lettre = ?

19 - 21 - 9 - 19 - 19 - 5

2 Quelle est l'une des nationalités d'Albert Einstein ? Remplacez les nombres par des lettres.
19 = ?

3 Quel prénom se cache dans cette mélodie ? Comptez le nombre de lettres.
Nombre = ?

🎧 016 **2** Mission réussie ? Écoutez.

18 • dix-huit

Que font les membres de ta famille ? Et toi, qu'est-ce que tu veux faire ?

1 Téata montre son arbre généalogique à Charlotte. Regarde l'arbre généalogique, écoute Téata et montre les membres de sa famille.

2 Écoute et réponds aux questions.

3 À deux. Présentez un membre de la famille de Téata.

4 Lis le blog de Némo page 21.
   a. Trouve l'intrus.
   Némo parle : des professions de sa famille • des professions de ses amis • de sa future profession.

   b. Associe une profession à un membre de sa famille.
   1. docteur • **2.** architecte • **3.** vétérinaire • **4.** pompière • **5.** pharmacien • **6.** professeure
   a. sa tante • **b.** son oncle • **c.** sa mère • **d.** son père • **e.** sa grand-mère • **f.** son grand-père

5 Vrai ou faux ? Regarde encore le blog de Némo et écoute. C'est vrai, reste assis. C'est faux, lève-toi et corrige.

6 Prononciation

Écoute et répète de plus en plus vite.
Eugène veut être docteur, comme sa sœur Fleur.

Parcours 2
Autour de nous

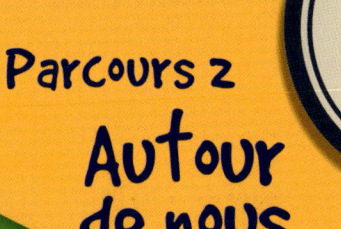

http://www.leblogdenemo.be

LE BLOG DE NÉMO

Salut les amis ! Aujourd'hui, je réponds aux deux questions de Marie.
1. Que font les membres de ta famille ?
2. Et toi, qu'est-ce que tu veux faire ?

Ici, c'est mon grand-père. Il est docteur. Il soigne les personnes.

Ma grand-mère est professeure. Elle enseigne l'espagnol.

C'est ma mère. Elle est pompière. Elle aide les personnes.

Là, c'est mon père. Il est pharmacien. Il vend des médicaments.

Mon oncle est architecte. Il construit de jolies maisons.

Ma tante est vétérinaire. Elle soigne les animaux.

Moi, je veux être vétérinaire comme ma tante parce que je veux soigner les animaux.
Et vous, qu'est-ce que vous voulez faire comme profession ?

7 Et eux, qu'est-ce qu'ils veulent faire comme profession ? Pourquoi ?
Lis et complète les phrases oralement ou sur une feuille.

cuisinier / cuisinière • musicien / musicienne • pompier / pompière
professeurs / professeures • architectes • vétérinaires

a. Moi, Charlotte, je veux être … parce que je veux aider les personnes.
b. Toi, Pomme, tu veux être … parce que tu veux travailler dans un restaurant.
c. Lui, Rémi, il veut être … parce qu'il aime la musique.
d. Nous, Aimé et Sambo, nous voulons être … parce que nous aimons l'école.
e. Vous, Charline et Téata, vous voulez être … parce que vous voulez soigner les animaux.
f. Elles, elles veulent être … parce qu'elles veulent construire de jolies maisons.

8 a. Lis les questions et réponds oralement ou sur une feuille.
Qu'est-ce que tu veux faire comme profession ? Pourquoi ?

b. À deux. Pose les questions à ton/ta camarade.

Souviens-toi !

▶ **Parler de sa famille et des professions**

– Que font les membres de ta famille ?
– Mon oncle est architecte et ma tante est vétérinaire.
– Et toi, qu'est-ce que tu veux faire ? Pourquoi ?
– Je veux être vétérinaire parce que je veux soigner les animaux.

• **vouloir** : je veu**x** – tu veu**x** – il/elle/on veu**t** – nous voul**ons** – vous voul**ez** – ils/elles veul**ent**

• **Les membres de la famille** : le grand-père / la grand-mère (les grands-parents) – le père / la mère (les parents) – le frère / la sœur (les enfants) – l'oncle / la tante – le cousin / la cousine

• **Les professions** : un/une architecte – un/une vétérinaire – un professeur / une professeure – un docteur / une docteure – un pharmacien / une pharmacienne – un musicien / une musicienne – un pompier / une pompière – un cuisinier / une cuisinière

vingt et un • 21

Tu aimes quels animaux ?
Qu'est-ce qu'ils savent faire ?

1 Regarde l'enquête du journal du collège.

   a. Écoute Sambo et Téata et montre les animaux.

   b. Écoute encore et associe le dessin de l'animal à son nom.

   1. le requin • **2.** le papillon • **3.** le loup • **4.** l'écureuil • **5.** l'escargot • **6.** le serpent
   7. l'abeille • **8.** l'araignée • **9.** la chouette • **10.** la baleine • **11.** la biche

2 Choisis un enfant et présente les résultats de l'enquête.

   Exemple : Charlotte aime les papillons, elle adore les biches mais elle déteste les escargots.

3 Et toi, tu aimes quels animaux ? Tu détestes quels animaux ? Réponds à l'enquête.

   Utilise : J'adore • J'aime • Je déteste • J'ai peur.

4 À deux. Regardez les photos, lisez les devinettes et trouvez l'animal.

   a. Je sais marcher et sauter dans les arbres. J'ai quatre pattes et une belle queue.
   b. Tu ne sais pas marcher mais tu sais ramper. Tu n'as pas de pattes mais tu as une queue.
   c. Elle sait marcher et voler. Elle a six pattes et quatre ailes.
   d. Nous savons ramper avec notre pied. Nous savons nous cacher dans notre coquille.
   e. Vous savez nager avec vos nageoires et votre queue. Vous n'avez pas de pattes.
   f. Elles savent voler. Elles ont deux pattes, deux ailes et un bec.

Parcours 2 — Autour de nous

5 a. Dessine sur une feuille un animal fantastique avec une coquille, deux pattes, deux nageoires, une queue, quatre ailes et une tête.

  b. Trouve un nom à ton animal et légende ton dessin.

  c. Avec ta classe. Affichez vos dessins et présentez vos animaux.

6 Regarde les photos.

  a. À ton avis, comment on appelle ces animaux en français ?

  b. À deux. Qu'est-ce qu'ils savent faire ? Choisissez deux animaux et répondez.

7 **Le post-it des animaux**

À deux.

a. Pioche un post-it préparé par ton/ta professeur(e) et colle le post-it sur ton front sans regarder.

b. Pose des questions à ton/ta camarade pour deviner l'animal.

> Il a des ailes ?
>
> Non, il n'a pas d'ailes. Il ne sait pas voler.

Activité Avec ta classe. Mettez en commun les résultats de votre enquête (activité 3) et présentez les résultats à une autre classe.

Souviens-toi !

▶ **Nommer les animaux**

– Tu aimes quels animaux ?
– J'aime les baleines, j'adore les chouettes mais je déteste les araignées.

▶ **Dire leurs spécificités**

– Qu'est-ce qu'ils savent faire ?
– Les écureuils savent sauter avec leurs pattes.
– Ils ont quatre pattes et une queue. Ils n'ont pas d'ailes.

• **savoir** : je sais – tu sais – il/elle/on sait – nous savons – vous savez – ils/elles savent

• **Les animaux** : le requin – le papillon – le loup – l'écureuil – l'escargot – le serpent – l'abeille – l'araignée – la baleine – la biche – la chouette

• **Les caractéristiques physiques des animaux** : le bec – le pied – la queue – la coquille – les pattes – les ailes – les nageoires

• **Les déplacements des animaux** : marcher – sauter – ramper – nager – voler – se cacher

LEÇON 3
Tu vis où ?
Tu veux vivre où ?

1 Regarde le site Internet et réponds aux questions.
  a. C'est un site sur les animaux sauvages ou sur les habitations ?
  b. On peut lire des cartes postales ou écouter des cartes postales sonores ?
  c. Tu connais quels paysages ?

 2 a. Regarde les cartes postales, écoute et montre.
  b. Regarde encore, écoute et répète les phrases.

 3 Vrai ou faux ? Écoute. C'est vrai, reste assis. C'est faux, lève-toi et corrige.

http://www.abracadabratoit.com

Ils vivent où ? De drôles d'habitations dans de drôles de paysages

Écoutez les six cartes postales sonores.

① un bungalow ② une ferme

③ une cabane ④ un moulin

⑤ une tente ⑥ un igloo

Et toi, tu vis où ? Tu veux vivre où ?

Parcours 2
Autour de nous

4 À deux. Ils vivent où ? Lisez et complétez les phrases oralement ou sur une feuille.

dans une cabane • sous une tente • dans un moulin • dans un bungalow •
dans une ferme • **dans un igloo**

sur la banquise • dans la forêt • dans le désert • dans la savane africaine •
près d'une rivière • à la campagne

Exemple : **a.** Moi, Anouk, j'aime le froid et la neige. Je vis dans un igloo sur la banquise.

b. Toi, Aya, tu aimes avoir chaud et le soleil. Tu vis … .
c. Lui, Taha, il aime l'Afrique et les animaux sauvages. Il vit … .
d. Nous, Sylvain et Paul, nous aimons l'eau et les poissons. Nous vivons … .
e. Vous, Léa et Marion, vous aimez les arbres, les écureuils et les biches. Vous vivez … .
f. Elles aiment s'occuper des animaux. Elles vivent … .

5 C'est où ?

Avec ta classe.
  a. Mets-toi dos à ta classe. Choisis où tu veux vivre.
  b. Tes camarades te posent des questions. Tu réponds.

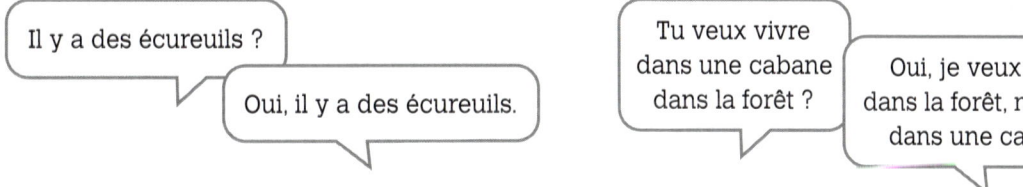

6 a. Lis les questions et réponds oralement ou sur une feuille.

Tu vis où ? Tu veux vivre où ?

b. À deux. Pose la question à ton/ta camarade.

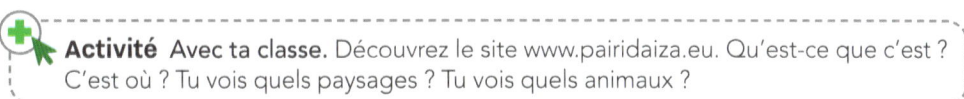

Activité Avec ta classe. Découvrez le site www.pairidaiza.eu. Qu'est-ce que c'est ? C'est où ? Tu vois quels paysages ? Tu vois quels animaux ?

Souviens-toi !

▶ **Nommer un paysage et une habitation**

– Tu vis où ?
– Je vis dans une ferme à la campagne.
– Tu veux vivre où ?
– Je veux vivre dans un moulin près d'une rivière.

• **vivre** : je vis – tu vis – il/elle/on vit – nous vivons – vous vivez – ils/elles vivent
• **Les paysages** : le désert – la rivière – la banquise – la forêt – la savane – la campagne
• **Les habitations** : un moulin – un bungalow – un igloo – une tente – une ferme – une cabane

Nous découvrons

Les quatre éléments

Le beau Monde, Magritte, 1960.

La Peleuse de pommes, Pieter de Hooch, 1663.

La Grande Vague de Kanagawa, Hokusai, 1830.

Les Glaneuses, Jean-François Millet, 1857.

1 🎧 026 Regarde les tableaux, écoute et dis le nom du peintre et du tableau.

2 Regarde les éléments.
a. Associe chaque élément à un tableau.

la terre   l'eau   le feu   l'air

b. Associe une profession à un élément.

un pompier / une pompière   un fermier / une fermière

un / une pilote   un navigateur / une navigatrice

3 À deux. Trouvez d'autres tableaux avec ces éléments.

4 Écoute l'extrait du poème sur les quatre éléments.
    a. Recopie et complète le poème sur une feuille.

Les quatre éléments, Marie-France Pardoen
De ma mère …
De mon père …
De mon frère …
De mon ennemi …
Avec …, je …
Sans …, je meurs

    b. Apprends et récite le poème.

Vidéo En groupes. Avec votre professeur(e), allez sur Internet et tapez dans la barre de recherche « Mickey 3D – Bigflo et Oli – Respire ». Regardez le clip. Où est la petite fille ? Qu'est-ce qu'elle fait ? Quels éléments vous reconnaissez ?

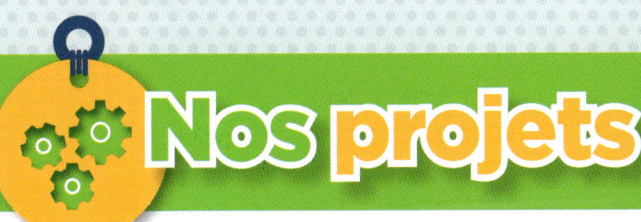

Nous faisons un exposé sur notre animal préféré

1 À deux. Choisissez un animal.

2 Répondez aux trois questions suivantes sans dire le nom de l'animal :
  a. Il vit où ?
  b. Comment il est ?
  c. Qu'est-ce qu'il sait faire ?

3 Ajoutez des photos.

4 Si vous pouvez, utilisez un logiciel de présentation pour réaliser votre exposé (par exemple Powerpoint).

5 Présentez votre exposé à vos camarades. Ils/Elles devinent le nom de votre animal préféré.

Complétez votre croquis-note « Autour de moi ».
→ Croquis-note pages 72-73

Jeu d'évasion 2

🎧 028 **1 En groupes.** Écoutez Ruth Buendia et trouvez la solution des énigmes.

Il manque quel élément dans la salle ?

1. Comptez le nombre de lettres. Nombre = ?

Il est courageux.
Il aide les autres.
Il n'a pas peur du feu.
Quelle est sa profession ?

2. Écrivez la première lettre. Lettre = ?

Comptez le nombre de papillons.

VOTRE TENTE

3. 🎧 029 Écoutez. Qui est l'intrus ? Écrivez le nombre. Nombre = ?

🎧 030 **2** Mission réussie ? Écoutez.

28 • vingt-huit

LEÇON 1 — Qu'est-ce que tu fais le matin ?

1 **À deux.** Regardez les photos, lisez la lettre de Sambo et choisissez la bonne réponse.
   a. Il écrit à : sa tante • son oncle • sa cousine • son cousin.
   b. Amara veut des photos pour son cours : de géographie • de français • d'art plastique.
   c. Les photos de Sambo montrent : ses activités du matin • ses activités scolaires • ses activités sportives.

2 Regarde les photos de Sambo.
   a. Écoute et dis le numéro de la photo et la pièce de la maison.
   b. Écoute les questions et réponds.

6h30

6h45

7h00

7h15

Salut Amara !

Comment ça va au Cambodge ?
Voici les photos de mes activités du matin pour ton exposé de français.
Et toi ? Qu'est-ce que tu fais le matin ?

À bientôt !
Bises,
Ton cousin adoré Sambo

7h30

7h40

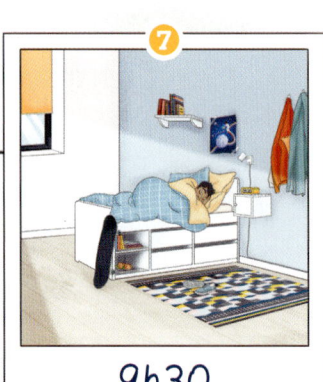
9h30

Parcours 3
Notre quotidien

3 a. Regarde les réveils et lis les heures.

07:00
- Il est sept heures.

07:30
- Il est sept heures trente.
- Il est sept heures et demie.

07:15
- Il est sept heures quinze.
- Il est sept heures et quart.

07:45
- Il est sept heures quarante-cinq.
- Il est huit heures moins le quart.

b. Et dans ta langue ou les langues que tu connais, comment on dit l'heure ?

4 Qu'est-ce qu'ils font le matin ?

a. Écoute, associe et écris les phrases sur une feuille.

1. Je me réveille.
2. Tu te lèves.
3. Il se coiffe les cheveux.
4. Elles se brossent les dents.
5. Nous nous lavons.
6. Vous vous habillez.

a. 6h15
b. 6h30
c. 6h45
d. 7h15
e. 7h30
f. 7h45

b. Regarde les photos de Sambo page 30. Il manque quelle activité ? À ton avis, à quelle heure on fait cette activité ?

5 Sambo fait la grasse matinée le dimanche. À ton avis, qu'est-ce que ça veut dire ?

Il prend deux petits déjeuners. • Il reste au lit. • Il ne se lave pas.

6 a. Lis les questions et réponds oralement ou sur une feuille.

Qu'est-ce que tu fais le matin ? À quelle heure ?

b. À deux. Pose les questions à ton/ta camarade.

 Activité Présente tes activités du matin sous la forme d'une bande dessinée, d'un reportage photo, d'une chanson, de mimes…

Souviens-toi !

▶ **Parler de ses activités quotidiennes**

– Qu'est-ce que tu fais le matin ?
– Je prends mon petit déjeuner à 6h45.

- **Dire l'heure** : Il est 7h00. (sept heures) – Il est 7h15. (sept heures quinze / sept heures et quart) – Il est 7h30. (sept heures trente / sept heures et demie) – Il est 7h45. (sept heures quarante-cinq / huit heures moins le quart)

- **Les activités quotidiennes** : se réveiller (je me réveille) – se lever (tu te lèves) – prendre le petit déjeuner (il/elle/on prend le petit déjeuner) – se laver (nous nous lavons) – se brosser les dents (vous vous brossez les dents) – s'habiller (ils/elles s'habillent) – se coiffer (je me coiffe)

- **Les moments de la journée** : le matin

Qu'est-ce que tu fais après l'école ?

1 À deux. Regardez le blog vidéo de Téata et choisissez la bonne réponse.
  a. Téata parle : de ses activités sportives • de ses activités quotidiennes.
  b. Il parle de ses activités : du mercredi matin • du mercredi après-midi.

2 Écoute Téata et montre les dessins.

3 Écoute encore et associe les heures aux activités.
  À 12h00 • À 12h30 • À 14h00 • À 16h15 • À 18h00 • À 19h30 • À 20h00 • À 21h45

  je déjeune à la maison. • je chatte avec mes amis. •
  je dîne avec ma famille. • je fais mes devoirs. je goûte. • je me couche et je dors. •
  nous regardons la télévision. • je rentre de l'école.

Mes activités du mercredi après-midi

4 Il est quelle heure ?
  a. Regarde les dessins, écoute et montre la bonne horloge.
  b. Lis les heures, comme dans l'exemple.

  Exemple : **1.** Il est six heures. Il est dix-huit heures.

Parcours 3
Notre quotidien

5 À quel moment de la journée tu peux dire ces phrases ? Le matin ? Le midi ? L'après-midi ? Le soir ? La nuit ?

Bonjour ! — Bon après-midi ! — Bonne nuit ! — Bonsoir ! — Bon appétit !

6 a. Lis les phrases et choisis la bonne heure. Écris les phrases dans l'ordre chronologique sur une feuille.

1. Je déjeune **à midi** • **à vingt heures**.
2. Nous chattons avec nos amis **à vingt-trois heures** • **à dix-huit heures**.
3. Ils se couchent **à quatorze heures** • **à vingt-deux heures**.
4. Elle goûte **à seize heures trente** • **à midi**.
5. Vous dînez **à seize heures** • **à vingt heures**.
6. Tu rentres de l'école **à seize heures** • **à vingt et une heure**.

b. Dessine les heures sur une horloge.

7 **Le mime des activités**

En groupes.

a. Un/Une camarade de ton groupe pioche une étiquette avec une activité préparée par ton/ta professeur(e).

b. Il/Elle lit l'étiquette en silence et mime l'activité.

c. Ton groupe trouve l'activité ? Il gagne un point. Ton groupe donne sa langue au chat ? C'est perdu !

> **Vidéo** En groupes. Regardez la vidéo « Ma routine quotidienne ». À votre avis, est-ce que la jeune femme est française ? Quelles sont ses activités quotidiennes ?

Souviens-toi !

▶ **Parler de ses activités quotidiennes**

– Qu'est-ce que tu fais après l'école ?
– Je fais mes devoirs à 14h et je goûte à 16h15.

- **Dire l'heure** : Il est 12h00. (midi) – Il est 16h15. (seize heures quinze / quatre heures et quart) – Il est 16h30. (seize heures trente / quatre heures et demie) – Il est 19h45. (dix-neuf heures quarante-cinq / huit heures moins le quart) – Il est 21h00. (vingt et une heures / neuf heures)

- **Les activités quotidiennes** : rentrer de l'école (je rentre de l'école) – déjeuner (tu déjeunes) – goûter (il/elle/on goûte) – faire ses devoirs (nous faisons nos devoirs) – chatter avec ses amis (vous chattez avec vos amis) – dîner (ils/elles dînent) – regarder la télévision (je regarde la télévision) – se coucher (tu te couches) – dormir (il/elle/on dort)

- **Les moments de la journée** : le midi – l'après-midi – le soir – la nuit

Tu vas t'habiller comment demain ?

1 Sambo et ses amis choisissent des vêtements colorés pour leur pièce de théâtre. Regarde la conversation. Tu connais quels vêtements en français ?

2 À deux. Lisez la conversation et répondez.

a. Ce vêtement est blanc. C'est un manteau ou une chemise ?

b. Ce vêtement est violet. C'est un bonnet ou une écharpe ?

c. Ce vêtement est rouge. C'est un anorak ou ce sont des baskets ?

d. Ce vêtement est jaune. C'est une jupe ou une chemise ?

e. Ce vêtement est vert. C'est un jean ou un manteau ?

f. Ce vêtement est rose. C'est une écharpe ou un anorak ?

3 Lis les phrases et trouve l'intrus.

a. Pomme va mettre des baskets • un manteau • un jean • un anorak.

b. Charlotte va mettre une jupe • une chemise • une écharpe.

4 Et toi, tu vas t'habiller comment demain ? Choisis quatre vêtements et dis le nom et la couleur.

> Demain, je vais mettre ce jean noir…

Parcours 3
Notre quotidien

 5 a. Vrai ou faux ? Regarde les dessins, écoute et réponds.

b. Ils vont s'habiller comment demain ? Lis et complète les phrases oralement ou sur une feuille.

1. Nour va mettre cette … .
2. Aimé va mettre cet … .
3. Sambo et Rémi vont mettre ces … .
4. Charlotte et Charline vont mettre ces … .

6 **Dans ma valise**

Avec ta classe.

a. Un/Une camarade dit un vêtement.

b. Répète le vêtement de ton/ta camarade et dis ton vêtement. Un vêtement oublié ? C'est perdu !

> Demain, je pars en vacances. Je vais mettre ce pull dans ma valise.

> Demain, je pars en vacances. Je vais mettre ce pull et cette chemise dans ma valise.

 7 Prononciation

Écoute et répète la phrase de plus en plus vite.

Cette robe rouge de Rose est rare et ravissante.

Souviens-toi !

▶ **Parler des vêtements**

– Tu vas t'habiller comment demain ?
– Je vais mettre ce jean, cet anorak, cette écharpe et ces baskets.

- Demain, je **vais** mettre – tu **vas** mettre – il/elle/on **va** mettre – nous **allons** mettre – vous **allez** mettre – ils/elles **vont** mettre
- **Les vêtements** : un manteau – un anorak – un jean – un bonnet – une écharpe – une chemise – une jupe – des baskets

trente-cinq • 35

Nous découvrons

Des expressions francophones

1. 🎧 039 Regarde les dessins et les photos.
a. Écoute les phrases et montre.
b. Lis et associe les phrases aux photos.

1. Se lever au chant du coq.
2. Avoir une faim de loup.
3. Être bavard comme une pie.
4. Dormir comme une marmotte.
5. Faire une toilette de chat.
6. Se coucher avec les poules

2. Relis les expressions de l'activité 1. Est-ce qu'elles existent dans ton pays ? Comment on dit dans ta langue ?

3. Quelle est ton expression préférée dans ta langue ? Cherche son équivalent en français et illustre cette expression.

a

b

c

d

e

f

Activité Avec ta classe. Fabriquez un livret bilingue ou plurilingue des expressions que vous aimez.

④ 🎧 Les mots français n'ont pas toujours la même signification dans tous les pays francophones.

a. Lis les mots et regarde les photos.

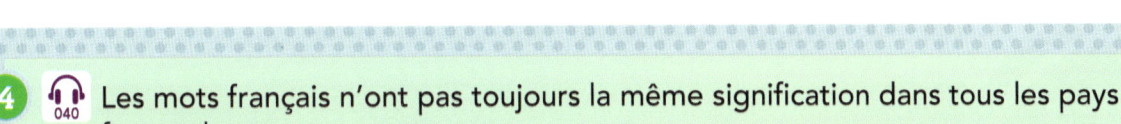

En France

une boule   un sous-marin   une pêche   se coiffer

b. Écoute les phrases et associe les deux photos (activités **a** et **b**).

En Suisse   En Belgique   Au Sénégal   Au Canada

❶   ❷   ❸   ❹

Nos projets

Nous fabriquons l'affiche « Nos activités idéales »

1 À deux. Présentez vos activités idéales un jour d'école, un samedi ou un jour de vacances. Vous vous levez à quelle heure ? Qu'est-ce que vous faites le matin ? l'après-midi ? le soir ? Vous vous couchez à quelle heure ?

2 Illustrez les activités de la journée.

3 Indiquez l'heure et légendez chaque illustration.

4 Exposez votre affiche et présentez vos activités à vos camarades. Comparez vos activités et les heures. Qui se lève au chant du coq ? Qui se couche avec les poules ?

Complétez votre croquis-note « Mon quotidien ».
→ Croquis-note pages 72-73

Jeu d'évasion 3

1 En groupes. Écoutez Fernand Raynaud et trouvez la solution des énigmes.

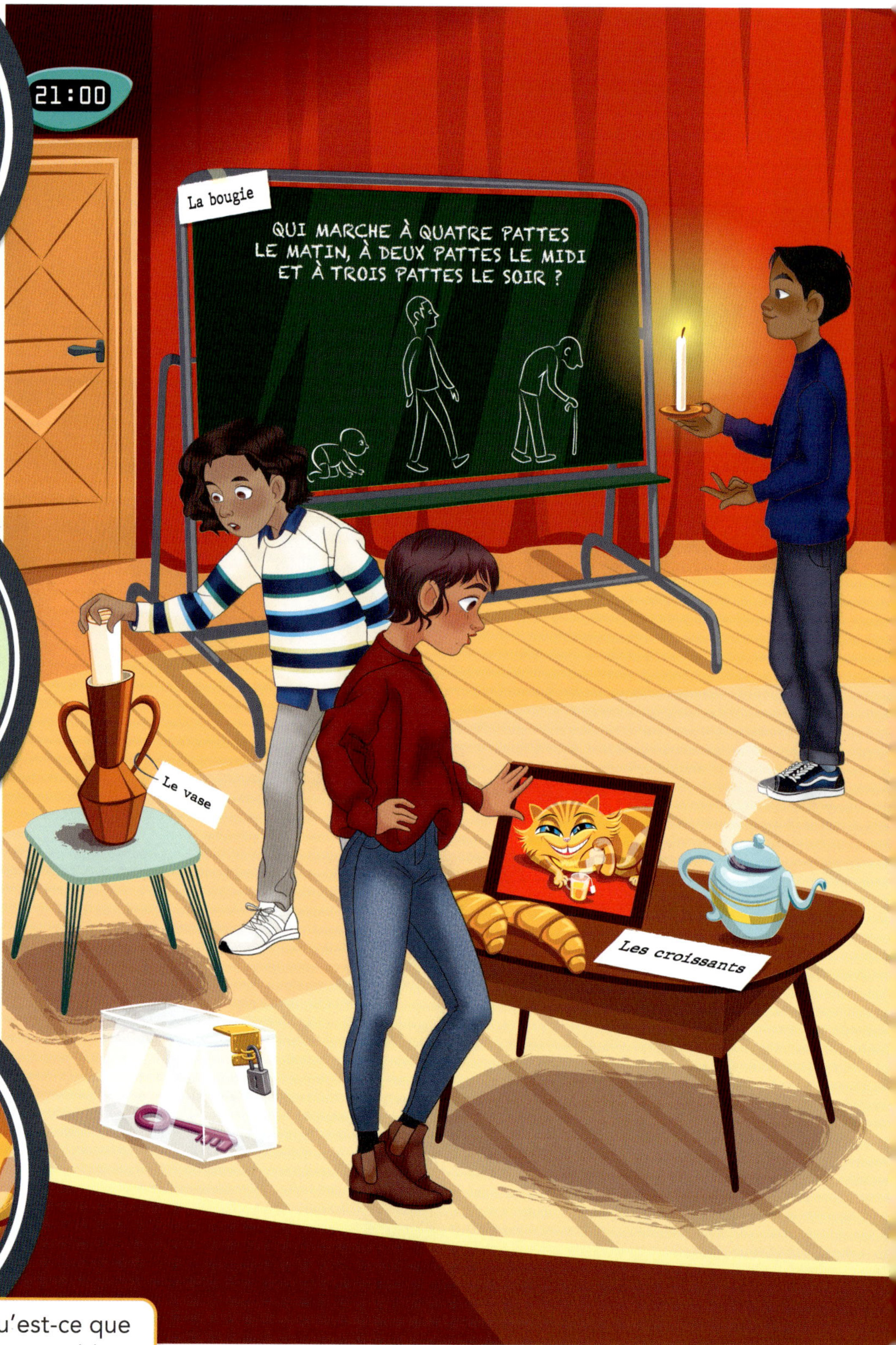

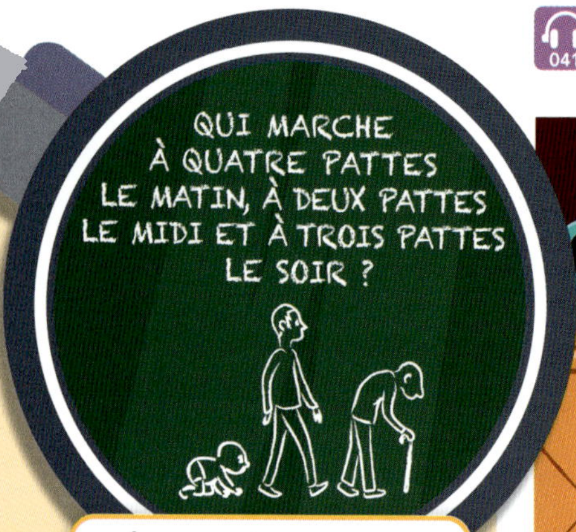

QUI MARCHE À QUATRE PATTES LE MATIN, À DEUX PATTES LE MIDI ET À TROIS PATTES LE SOIR ?

1 Écrivez la première lettre.

Lettre = ?

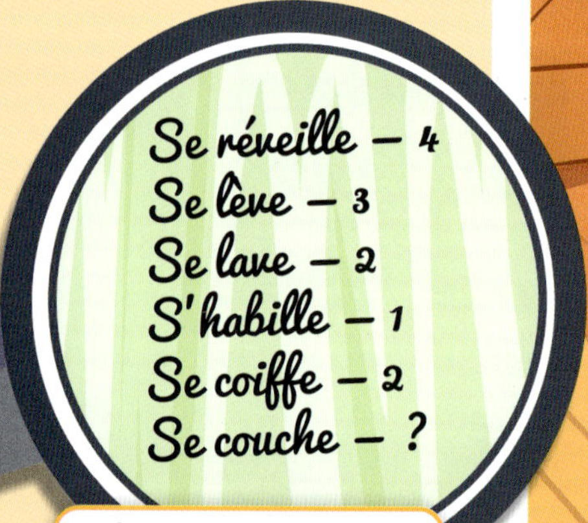

Se réveille – 4
Se lève – 3
Se lave – 2
S'habille – 1
Se coiffe – 2
Se couche – ?

2 Écrivez le nombre manquant.

Nombre = ?

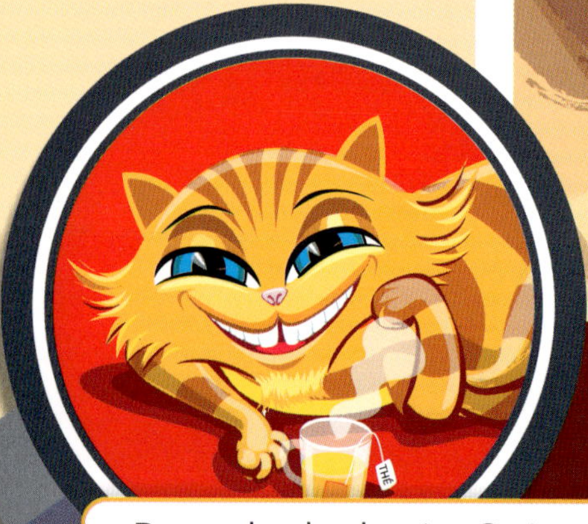

3 Regardez le dessin. Qu'est-ce que Nour aime faire sur son portable ? Comptez le nombre de lettres.

Nombre = ?

2 Mission réussie ? Écoutez.

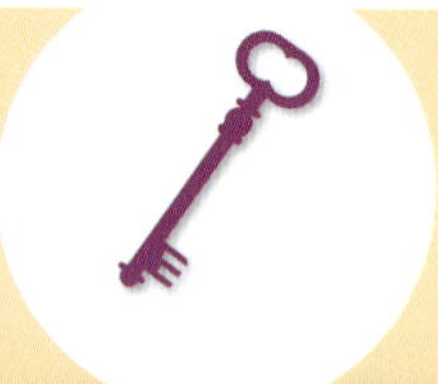

38 • trente-huit

Salle Fernand Raynaud (1926-1973)

4 Écoutez. On chante cette chanson :
- le matin
- l'après-midi
- le soir

Couleur = ?

Elle vole la nuit. Elle dort le jour. C'est un oiseau !

5 Écrivez la première lettre. Lettre = ?

6 Vous pouvez écrire combien de vêtements ? Nombre = ?

LEÇON 1 — Qu'est-ce qu'il y a dans ta ville ? Quel est ton loisir préféré ?

1 C'est samedi après-midi. Les enfants sont à Bruxelles. Qu'est-ce qu'il y a dans cette ville ?

  a. Écoute et montre les lieux.

  b. Écoute et dis où ils sont.

2 Qu'est-ce qu'il y a dans ces lieux ? Lis et associe.

Exemple : À Bruxelles, au musée Magritte, il y a des tableaux.

  a. au musée Magritte
  b. au centre commercial City 2
  c. au parc Royal
  d. au cinéma de Brouckère
  e. à la bibliothèque Bruegel
  f. au stade Roi Baudoin
  g. à la piscine des Bains

  1. des arbres
  2. des magasins de vêtements
  3. des livres
  4. des films
  5. des tableaux
  6. des nageurs/nageuses
  7. des sportifs/sportives

3 Lis les questions et réponds oralement ou sur une feuille.

  a. Qu'est-ce qu'il y a dans ta ville ? Qu'est-ce qu'il n'y a pas ?

  Dans ma ville, il y a … mais il n'y a pas de … .

  b. Quels sont les noms des lieux de ta ville ?

  Le cinéma …, le centre commercial … .

4 Prononciation

Écoute et répète.

Ces vieux messieurs n'aiment pas ce lieu. Adieu Messieurs !

40 • quarante

Parcours 4
Notre environnement

5 a. Regarde l'enquête du journal du collège et choisis la bonne réponse.

C'est une enquête sur : les activités sportives préférées des élèves • les lieux de loisirs préférés des élèves • les loisirs préférés des élèves.

b. Où tu peux pratiquer ces activités ?

 6 À deux. Lisez l'enquête et écoutez les enfants. À votre avis, quels sont leurs loisirs préférés ?

Exemple : À notre avis, le loisir préféré de Lenny, c'est se promener dans la nature.

Enquête du jour : Nos loisirs préférés

26 % regarder des films 	17 % se promener dans la nature 	17 % écouter de la musique, aller sur Internet… 	16 % faire du sport 
12 % faire de la natation 	5 % faire les magasins 	4 % regarder des tableaux 	3 % lire des livres 

Et toi, quel est ton loisir préféré ?

C'EST CHOUETTE ! *Le journal du collège Jean-Monnet*, NUMÉRO 43 | 15

7 Lis les questions et réponds oralement ou sur une feuille.

Quel est ton lieu de loisirs préféré ? Quel est ton loisir préféré ?

> **Activité** Avec ta classe. Répondez à l'enquête « Nos loisirs préférés » et comparez vos résultats avec ceux du collège Jean-Monnet.

Souviens-toi !

▶ **Présenter les lieux de loisirs de sa ville**

– Qu'est-ce qu'il y a dans ta ville ?
– Il y a un parc et une bibliothèque.
  Il n'y a pas de piscine.

▶ **Dire ses loisirs préférés**

– Quel est ton loisir préféré ?
– Mon loisir préféré, c'est lire des livres.

• **Les lieux de loisirs :** un stade – un cinéma – un parc – un centre commercial – un musée – une piscine – une bibliothèque

• **Les loisirs :** faire du sport – faire de la natation – regarder des films – se promener dans la nature – faire les magasins – regarder des tableaux – lire des livres – écouter de la musique – aller sur Internet

Leçon 2 — Est-ce qu'il y a une boulangerie ? Où est la librairie ?

1 Regarde le plan du centre-ville de Bruxelles et choisis la bonne réponse.

Sur le plan, il y a : des lieux de loisirs • des commerces • des monuments.

2 Nour habite le centre-ville de Bruxelles. Elle aide une touriste.
   a. Écoute la conversation et montre les sept commerces sur le plan.
   b. Souviens-toi : comment s'appelle le huitième commerce en français ?

3 À deux. Lisez et complétez les phrases oralement ou sur une feuille.

la poissonnerie • la pharmacie • la boucherie • la boulangerie • l'épicerie • la librairie • le salon de coiffure • le restaurant

   a. On se fait couper les cheveux au … .
   b. On mange au … .
   c. On achète des fruits et des œufs à l'… .
   d. On achète du poisson à la … .
   e. On achète du poulet à la … .
   f. On achète des livres à la … .
   g. On achète du pain à la … .
   h. On achète des médicaments à la … .

Centre-ville de Bruxelles

Parcours 4
Notre environnement

4 **La pêche à la ligne des commerces**

À deux.

a. Choisissez une ligne.

b. Ton/Ta camarade pose des questions pour trouver ta ligne. Il/Elle a trouvé ? C'est gagné ! À ton tour de deviner.

> Dans ta ligne, il y a une librairie ?

> Non, dans ma ligne, il n'y a pas de librairie.

1       **3**

2      **4**

 5 Charline est devant la librairie. Elle demande son chemin pour aller à la pharmacie.

a. Écoute la conversation et suis le chemin sur le plan page 42.

b. Lis et associe les légendes aux panneaux et au dessin.

1. Traverse la rue. • **2.** Tourne à gauche. • **3.** Continue tout droit. • **4.** Tourne à droite. • **5.** Passe devant…

a   b   c   d   e

6 **À deux.** Prenez un plan de votre ville ou du livre.

a. Choisis un point de départ et un point d'arrivée et indique le chemin à ton/ta camarade.

b. Ton/ta camarade trace le chemin sur le plan. C'est juste ? À son tour de t'indiquer un chemin.

Souviens-toi !

▶ **Nommer les commerces de sa ville**

– Est-ce qu'il y a une boulangerie dans le quartier ?
– Oui, il y a une boulangerie.

▶ **Demander et indiquer un itinéraire**

– Excusez-moi, où est la pharmacie, s'il vous plaît ?
– Tu es ici. Tourne à gauche et continue tout droit.

• **Les commerces** : le salon de coiffure – le restaurant – la boulangerie – la boucherie – la poissonnerie – l'épicerie – la pharmacie – la librairie

• **Les directions** : tourner à droite – tourner à gauche – continuer tout droit – traverser la rue – passer devant

Qu'est-ce que tu achètes ?
Combien coûte ce livre ?

1 Nour et sa maman sont au supermarché. Regarde l'application et choisis la bonne réponse.
Sur l'application, il y a : cinq produits • sept produits • neuf produits.

2 Regarde l'application, écoute la conversation et réponds.
  a. Qu'est-ce qu'il y a dans le caddie ?
  b. Qu'est-ce qu'il manque ?

3 Vrai ou faux ? Écoute. C'est vrai, reste assis. C'est faux, lève-toi et corrige.

4 a. Associe les quantités aux produits.
1. 1 bouteille de • **2.** 1 paquet de • **3.** 1 litre de • **4.** 500 grammes de • **5.** 1 tablette de • **6.** 1 kilo de

a. sirop • **b.** lait • **c.** chocolat • **d.** farine • **e.** raisin • **f.** biscuits

  b. Dis les courses de Nour et de sa maman. N'oublie rien !
  c. Et tes parents et toi, qu'est-ce que vous achetez au supermarché ?

Parcours 4
Notre environnement

 5 Aimé et sa maman sont à la librairie. Écoute la conversation et réponds.
   a. Qu'est-ce qu'ils achètent ?
   b. Qu'est-ce qui coûte douze euros vingt (12,20 €) ? dix euros quarante (10,40 €) ? quatre-vingt-dix centimes (0,90 €) ? deux euros trente (2,30 €) ?
   c. Que dit Aimé à sa maman ?
   1. « Maman, je veux une bande dessinée, s'il te plaît. »
   2. « Maman, je voudrais une bande dessinée. »
   3. « Maman, je voudrais une bande dessinée, s'il te plaît. »
   d. La maman d'Aimé demande une carte postale et un stylo quatre couleurs au libraire. Qu'est-ce qu'elle dit ?

6 Regarde le ticket de caisse. Est-ce que c'est le ticket de caisse d'Aimé et de sa maman ? Pourquoi ?

7 **La liste des courses**
À deux.
   a. Lis la liste des courses et ferme ton livre. Demande poliment à ton/ta camarade tous les produits.

   une bouteille de sirop • un paquet de biscuits • une tablette de chocolat • un litre de lait • un kilo de raisin • 500 grammes de farine

   > Je voudrais ..., s'il vous plaît.

   b. Tu as cité tous les produits ? C'est gagné ! Il manque un produit ? C'est perdu ! Ton/Ta camarade ferme son livre et joue à son tour.

 Activité En groupes. Faites des recherches sur l'euro. Pourquoi cette monnaie s'appelle l'« euro » ? Combien de pays utilisent l'euro ?

Souviens-toi !

▶ **Demander et dire ce qu'on achète**
– Qu'est-ce que tu achètes ?
– J'achète un litre de lait.
– On a tout ?
– Oui, on a tout. / Non, il manque les œufs.

▶ **Demander et dire le prix**
– Combien coûte ce livre, s'il vous plaît ?
– Il coûte 12,20 €. (douze euros vingt / douze euros et vingt centimes)
– Combien ça coûte ?
– Ça coûte 10,40 €. (dix euros quarante / dix euros et quarante centimes)

▶ **Formuler une demande poliment**
   Je voudrais cette carte postale et un stylo quatre couleurs, s'il vous plaît.

• **acheter** : j'achète – tu achètes – il/elle/on achète – nous achetons – vous achetez – ils/elles achètent

• **Les quantités** : une bouteille (de sirop) – un paquet (de biscuits) – une tablette (de chocolat) – un litre (l) (de lait) – un kilo (kg) (de raisin) – 500 grammes (gr) (de farine)

Nous découvrons

Bruxelles, la capitale de l'Europe

Bruxelles est la capitale de la Belgique et c'est aussi la capitale de l'Europe.
Dans cette ville, il y a de nombreuses choses à voir et à manger.

1 À Bruxelles, il y a de nombreux lieux de loisirs à visiter. Quels sont ces lieux de loisirs ?
À deux. Regardez les photos.
  a. Associez les phrases aux photos.
   1. Vous aimez lire des bandes dessinées ? Visitez le musée de la Bande Dessinée.
   2. Vous aimez les animaux ? Visitez le parc animalier « Pairi Daiza ».
   3. Vous aimez les grands monuments ? Visitez l'Atomium.
   4. Vous voulez découvrir l'Europe ? Visitez le parc Mini-Europe et ses petits monuments.

a

b

c

d

  b. Quel est votre lieu de loisirs préféré à Bruxelles ? Pourquoi ?
  c. Quel est le lieu de loisirs préféré de la classe ?

2 🎧 053 À Bruxelles, il y a des personnages de bande dessinée partout dans le centre-ville.
Qui sont ces personnages ?
Regarde les photos.
  a. Tu connais quel(s) personnage(s) ?
  b. Écoute et répète le nom des personnages en français.
  c. Quel est le nom de ces personnages dans ta langue ? Tu connais d'autres personnages de bande dessinée ?

❶
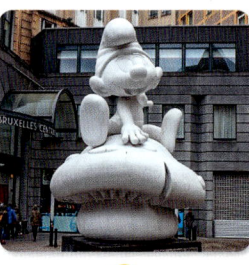
❷

❸

❹

46 • quarante-six

3 À Bruxelles, il y a de bonnes choses à manger. Quelles sont ces spécialités ?

À deux. Regardez les photos.

a. Vous connaissez quelles spécialités ?

b. Qu'est-ce que c'est ? Lisez les devinettes, regardez les photos et répondez oralement ou sur une feuille.

1. Les restaurants donnent ces biscuits avec le café. Ce sont ... .
2. Elles sont bonnes avec du sel, de la mayonnaise ou du ketchup. On peut acheter un cornet. Ce sont ... .
3. Elles sont bonnes avec du sucre ou du chocolat. On peut acheter ce goûter dans les rues du centre-ville. Ce sont ... .
4. On achète ces chocolats dans les chocolateries. Ce sont ... .

des gaufres — des pralines — des frites — des spéculoos

Vidéo En groupes. Regardez la vidéo « Hélène se promène ». Hélène est dans quelle ville ? Qu'est-ce que vous reconnaissez ? Qu'est-ce que vous découvrez ? Vous voulez visiter cette ville ?

Notre projet

Nous faisons une carte postale sonore de notre ville

1 À deux.
  a. Choisissez un lieu dans votre ville.
  b. Promenez-vous dans ce lieu.
  c. Prenez une photo.
  d. Enregistrez des sons (des bruits, des voix, des musiques).

2 Avec la classe. Affichez vos photos dans la classe et faites écouter les sons.

Complétez votre croquis-note « Mon environnement ».
→ Croquis-note pages 72-73

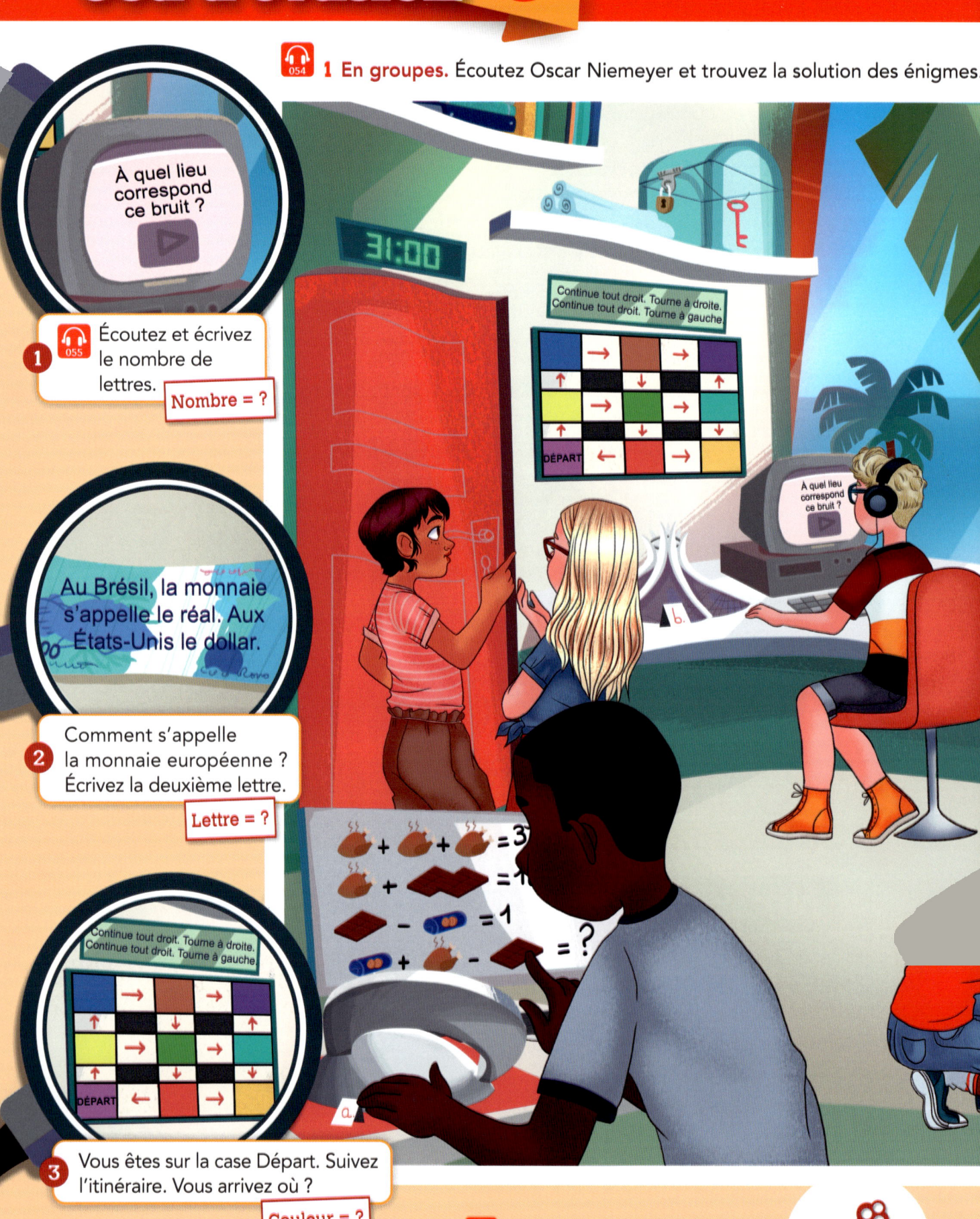

LEÇON 1

Quel est ton repas préféré ?
Qu'est-ce que tu manges ?

1 Pomme, Charlotte et Aimé font un exposé sur les repas. Écoute leur exposé et réponds.

   a. Quel est le repas préféré d'Aimé ? de Pomme ? On prend ces repas à quel moment de la journée ?

   b. Comment s'appellent les deux autres repas ? On prend ces repas à quel moment de la journée ?

2 À deux. Écoutez encore l'exposé.

   a. Montrez les aliments et les boissons sur le dessin.

   b. Lisez et complétez les phrases oralement ou sur une feuille.

le lait • le soda • le pain • la confiture • la soupe • la viande • les légumes • les céréales

   1. Au petit déjeuner, je mange du … avec de la … , des … et je bois du … .
   2. Au déjeuner, tu manges de la salade de tomates, de la … avec des pâtes, un yaourt et tu bois de l'eau.
   3. Au dîner, vous mangez de la …, du poisson, des … et un fruit. Vous ne buvez pas de … .

50 • cinquante

Parcours 5
Nos goûts culinaires

3 **Les serveurs**

Avec ta classe.

a. Un/Une camarade dit sa boisson ou son aliment préféré.

b. Répète la boisson ou l'aliment de ton/ta camarade et dis ta boisson ou ton aliment préféré. Une boisson ou un aliment oublié ? C'est perdu !

4 Regarde les dessins et dis les différences.

Qu'est-ce qu'ils mangent ? Qu'est-ce qu'ils boivent ?

UN PEU DE — BEAUCOUP DE

5 Prends une feuille et écris « Il faut ». Prends une autre feuille et écris « Il ne faut pas ». Écoute les phrases et montre la bonne feuille.

6 a. Lis les questions et réponds oralement ou sur une feuille.

Quel est ton repas préféré ? Qu'est-ce que tu manges ? Qu'est-ce que tu bois ?

b. À deux. Pose les questions à ton/ta camarade.

> **Vidéo** En groupes. Regardez le dessin animé. Qu'est-ce qui se passe le premier matin ? le deuxième matin ? le troisième matin ? Quel est le message ? Comparez avec l'exposé de Pomme et ses amis.

Souviens-toi !

▶ **Parler des repas de la journée et des aliments**

– Quel est ton repas préféré ?
– Mon repas préféré, c'est le petit déjeuner.
– Qu'est-ce tu manges ?
– Je mange des céréales, du pain et de la confiture et je bois du lait.

▶ **Dire ce qu'il faut faire ou ne pas faire**

– Il faut boire de l'eau. Il ne faut pas boire de soda.

- **manger** : je mang**e** – tu mang**es** – il/elle/on mang**e** – nous mang**eons** – vous mang**ez** – ils/elles mang**ent**
- **boire** : je boi**s** – tu boi**s** – il/elle/on boi**t** – nous buv**ons** – vous buv**ez** – ils/elles boi**vent**
- **Les repas de la journée** : le petit déjeuner (le matin) – le déjeuner (le midi) – le goûter (l'après-midi) – le dîner (le soir)
- **Les aliments et les boissons** : le pain – le yaourt – le fruit – le poisson – la salade de tomates – la viande – la soupe – la confiture – la charlotte aux pommes – les céréales – les légumes – le lait – le soda
- **Les quantités** : un peu (Je bois **un peu d'**eau.) – beaucoup (Je bois **beaucoup d'**eau.)

LEÇON 2 — Tu manges où ce midi ? Qu'est-ce que tu peux manger ?

1 C'est samedi, c'est l'heure du déjeuner. Regarde la bande dessinée et écoute les dialogues.
   a. Pomme mange avec qui ?
   b. Associe les enfants aux lieux.

   1. Pomme • **2.** Aimé • **3.** Sambo • **4.** Charline et Charlotte

   a. la sandwicherie • **b.** le restaurant végétarien • **c.** le parc • **d.** la brasserie

2 a. Vrai ou faux ? Lis la bande dessinée et écoute les phrases. C'est vrai, reste assis. C'est faux, lève-toi et corrige.

b. Lis et complète les phrases oralement ou sur une feuille avec *au*, *à la* et un lieu.

1. Je peux manger des salades … .
2. Tu peux manger un plat végétarien … .
3. Elle peut manger un sandwich … .
4. Il pleut, nous ne pouvons pas pique-niquer … .
5. Vous pouvez pique-niquer … .
6. Elles peuvent manger leur plat préféré … .

Un pique-nique original

Parcours 5
Nos goûts culinaires

 3 **Prononciation**

Écoute et répète la phrase de plus en plus vite.

L'ogre **croque qu**atre **croque**-monsieur et **qu**atre **qui**ches.

 4 **Le morpion des menus**

À deux.

a. Prends cinq pions et choisis une case sur ton livre. Réponds à la question « Où tu peux manger ce plat ? ». La réponse est juste ? Tu poses un pion.

b. Ton/Ta camarade joue à son tour. Le premier qui a aligné trois pions a gagné !

5 a. Lis les questions et réponds oralement ou sur une feuille.

Tu manges où ce midi ? Et samedi ? Et dimanche ? Qu'est-ce que tu peux manger ?

b. À deux. Pose les questions à ton/ta camarade.

 6 a. Écoute encore la bande dessinée et lis les dialogues.

b. Apprends un rôle et joue la scène avec tes camarades.

Souviens-toi !

▶ **Demander et dire où on mange**

– Tu manges où ce midi ?
– Je mange à la brasserie.

▶ **Demander et dire ce qu'on peut manger**

– Qu'est-ce que tu peux manger à la brasserie ?
– Je peux manger un croque-monsieur.

- **pouvoir** : je peu**x** – tu peu**x** – il/elle/on peu**t** – nous pouv**ons** – vous pouv**ez** – ils/elles peuv**ent**
- **Les lieux de restauration** : le restaurant – la sandwicherie – la brasserie
- **Les aliments** : un croque-monsieur – un croque-madame – un sandwich – une quiche – une salade – des chips – des spaghettis bolognaise – des fruits

LEÇON 3 — Qu'est-ce que tu cuisines ? Qu'est-ce qu'il faut ?

1 Regarde la recette du journal du collège et réponds.

   a. Quel est le nom de la recette ?
   b. Le plat est pour combien de personnes ?
   c. Il y a combien de parties dans cette recette ? Dis leur titre.

2 Qu'est-ce qu'il faut pour faire ce gâteau ? Regarde les ingrédients.

   a. Choisis la bonne réponse. Pour faire ce gâteau, il faut :
   cinq ingrédients • six ingrédients • sept ingrédients.
   b. Dis la bonne quantité pour chaque ingrédient. Il faut :
   … de beurre • … de farine • … de chocolat noir • … de levure • … de sucre • … œufs

3 Regarde les ustensiles.

   a. Lis les mots. Quel mot n'est pas un ustensile ?

   un bol • un four • un moule • un saladier • une casserole

   b. Il manque quel ustensile pour faire le gâteau au chocolat ?

Qu'est-ce que tu cuisines ?
Le gâteau au chocolat

Pour **6** personnes

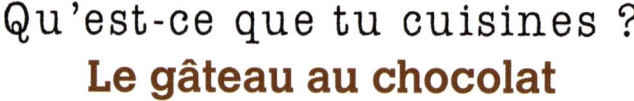

Les ingrédients

80 gr de farine   125 gr de sucre   1 sachet de levure

200 gr de chocolat noir   4 œufs   125 gr de beurre

Les ustensiles

1 saladier   1 fouet   1 bol

1 casserole   1 moule

Les étapes   Préparation : **10 min** • Cuisson : **30 min** • Facile

1. **Cassez** et **battez** les œufs dans un bol avec le fouet.
2. **Mélangez** les œufs, la farine, le sucre et la levure dans un saladier.
3. **Faites fondre** le beurre et le chocolat dans une casserole à feu doux.
4. **Ajoutez** le beurre et le chocolat fondus dans le saladier.
5. **Mélangez** le tout. La pâte n'est pas belle ? N'arrêtez pas de mélanger !
6. **Versez** la pâte dans un moule.
7. **Faites chauffer** le four à 180 degrés. **Faites cuire** 30 minutes.
8. **Sortez** le gâteau du four. Attention, c'est chaud ! N'oubliez pas de mettre des gants.

C'EST CHOUETTE ! Le journal du collège Jean-Monnet, NUMÉRO 44 | 23

Parcours 5
Nos goûts culinaires

4 À deux.

a. Lisez les étapes de la recette et associez les photos aux étapes.

b. Cachez la recette, lisez et complétez les phrases oralement ou sur une feuille.

versez • cassez • battez • faites fondre • mélangez • faites chauffer • mélangez • ajoutez

1. … et … les œufs.
2. … les œufs, la farine, le sucre et la levure dans un saladier.
3. … le beurre et le chocolat dans une casserole à feu doux.
4. … le beurre et le chocolat fondus dans le saladier.
5. … le tout. La pâte n'est pas belle ? N'arrêtez pas de mélanger !
6. … la pâte dans un moule.
7. … le four à 180 degrés. Faites cuire 30 minutes et sortez du four. Bon appétit !

5 Pomme parle avec son père. Écoute la conversation et regarde la recette du gâteau au chocolat. Est-ce qu'il faut les mêmes ingrédients ? Est-ce qu'il faut les mêmes ustensiles ?

> **Activité** Avec ta classe. Organisez un concert de cuisine avec votre professeur(e) de français et votre professeur(e) de musique. Apportez des ustensiles pour faire de la musique. Filmez vos concerts et choisissez le plus original.

Souviens-toi !

▶ **Demander et dire ce qu'on cuisine**

– Qu'est-ce que tu cuisines ?
– Je cuisine un gâteau au chocolat.

▶ **Demander et dire les ingrédients et les ustensiles d'une recette**

– Qu'est-ce qu'il faut pour faire un gâteau ?
– Il faut du beurre, de la farine et des œufs.
  Il faut un saladier, un fouet et une casserole.

▶ **Dire les étapes d'une recette**

Mélangez ! N'arrêtez pas de mélanger !

- **Les verbes** : casser (cassez) – battre (battez) – mélanger (mélangez) – faire (faites) fondre, chauffer, cuire – ajouter (ajoutez) – verser (versez) – sortir (sortez)
- **Les ingrédients** : le sucre – le beurre – le chocolat – la levure – la farine – les œufs
- **Les ustensiles** : un saladier – un fouet – un bol – un moule – une casserole

cinquante-cinq • 55

Nous découvrons

Des repas de pays francophones

Il y a des communautés francophones sur les cinq continents et chacune a des repas différents !

1 Des petits déjeuners pour tous les goûts !
  a. Regarde les photos et lis les légendes.
  b. Associe une phrase à une photo.

C'est salé ! • C'est sucré ! • C'est sucré et salé !

  c. Dans ton pays, au petit déjeuner, tu manges sucré, salé, sucré et salé ?

En France, on mange des viennoiseries et on boit du café et du jus d'orange.

Au Canada, on mange des œufs, des *pancakes* avec du sirop d'érable et on boit du café.

Au Cambodge, on mange du *kuy teav* et on boit du thé.

2 🎧 065 Les déjeuners et les dîners sont aussi très variés et chaque communauté a son plat.
  a. **À deux.** Regardez les photos. Vous connaissez quels plats ?
  b. Écoutez la présentation des plats et répondez. Quel plat est une entrée ? Quels plats sont des plats principaux ? Quels plats sont des desserts ?

Les escargots (France, Europe)

Les moules-frites (Belgique, Europe)

Le *mouhalabieh* (Liban, Asie)

La fondue (Suisse, Europe)

Les *talé-talé* (Bénin, Afrique)

Le *fāfaru* (Polynésie française, Océanie)

La poutine (Canada, Amérique)

Le *nom pajok* (Cambodge, Asie)

③ Les repas n'ont pas le même nom dans tous les pays francophones.
Découvre les différences entre la France, la Belgique, la Suisse et le Canada.
   a. Comment s'appellent les quatre repas en France ?
   b. Regarde les photos, lis les bulles et réponds. Comment s'appelle le petit déjeuner en Belgique ? Le déjeuner en Suisse ? Les Canadiens mangent à quelle heure le soir ? Comment s'appelle le dîner au Canada ?

> Bonjour ! Nous sommes à Bruxelles. Il est 7h30, l'heure du déjeuner.

> Salut, je suis à Genève, il est midi. C'est l'heure du dîner, bon appétit !

> Bonsoir ! À Montréal, il est 17h30. C'est l'heure du souper, bonne soirée !

Notre projet

Nous présentons des plats de notre pays

1 Avec ta classe. Cherchez des plats typiques de votre pays ou de votre région.

2 À deux. Choisissez un plat. Lisez sa recette dans votre langue.

3 Préparez une courte présentation orale et écrite de ce plat. Il se mange à quel moment de la journée ? À quel repas ? C'est une entrée ? C'est un plat principal ? C'est un dessert ? Quels sont ses principaux ingrédients ?

4 Présentez votre plat à vos camarades.

5 Avec ta classe. Fabriquez le livre des plats typiques de votre pays ou de votre région. Collez les photos et les présentations des plats.

> Complétez votre croquis-note « Mes goûts culinaires ».
> → Croquis-note pages 72-73

Jeu d'évasion 5

🎧 066 **1 En groupes.** Écoutez Rougui Dia et trouvez la solution des énigmes.

1 Vous pouvez manger des bons gâteaux grâce à quel animal ? Écrivez la dernière lettre. Lettre = ?

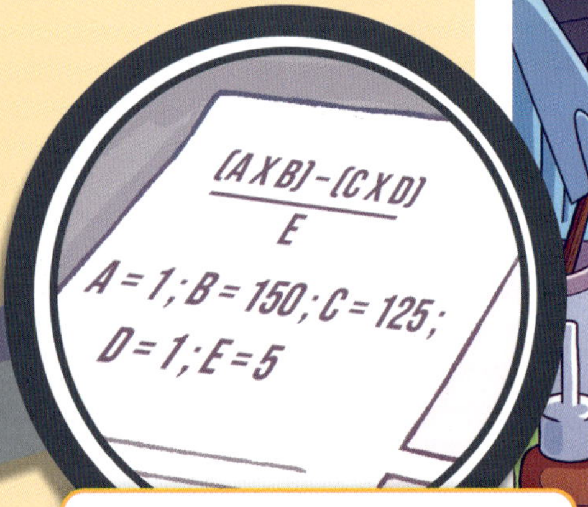

$$\frac{(A \times B) - (C \times D)}{E}$$
$A = 1 ; B = 150 ; C = 125 ; D = 1 ; E = 5$

2 Trouvez le temps de cuisson de cette recette et écrivez le nombre. Nombre = ?

AL EIRESSARB

3 Quel est ce lieu de restauration ? Écrivez la première lettre. Lettre = ?

🎧 068 **2** Mission réussie ? Écoutez.

58 • cinquante-huit

LEÇON 1 — Tu aimes quel genre de musique ? Qui est ton artiste préféré(e) ?

1 a. Écoute les extraits de musique et réponds.
b. Lis et écris ton code sur une feuille.

un rythme : **1.** rapide • **2.** lent
une ambiance : ▲ dansante. • ■ calme
une voix : ● grave • ● aiguë

> Nous aimons les musiques avec un rythme rapide et une ambiance dansante. Nous aimons les chanteurs avec une voix grave.

c. Cherche les camarades avec les mêmes goûts que toi. Présentez vos goûts à la classe.

2 Lis les mots.
a. Tu connais quel genre de musique ?
b. Écoute les extraits de musique et réponds.

3 À deux. Regardez l'application et les photos des artistes. À votre avis, quel est le genre musical de ces artistes ?

Exemple : 1. À notre avis, le genre musical de Bigflo et Oli, c'est le rap.

Parcours 6
Nos activités

 4 Rémi, Pomme, Sambo, Téata et Charline discutent de leurs goûts musicaux. Écoute la conversation.

a. Ils aiment quel genre de musique ? Qui sont leurs artistes préférés ?
Lis et complète les phrases oralement ou sur une feuille.

1. Pomme adore … . Son groupe préféré, c'est … .
2. Sambo préfère … . Son artiste préféré, c'est … .
3. Téata aime … . Sa chanteuse préférée, c'est … .
4. Charline préfère … Sa chanteuse préférée, c'est … .
5. Rémi adore … Son musicien préféré, c'est … .

b. Réécoute le dialogue. Lis et associe une ou deux expressions à un genre musical.

1. C'est beau ! • **2.** C'est dansant ! • **3.** C'est rapide ! • **4.** C'est calme ! • **5.** C'est lent ! • **6.** C'est sympa ! • **7.** C'est nul !

a. le rap • **b.** la musique classique • **c.** l'électro • **d.** le slam • **e.** le rock

c. Avec ta classe. Vous aimez la musique pop ? Pourquoi ?

 5 **Prononciation**

Écoute et répète.

Un **ch**anteur sa**ch**ant **ch**anter sait **ch**anter cent **ch**ansons.

6 a. Lis les questions et réponds oralement ou sur une feuille.

Tu aimes quel genre de musique ? Pourquoi ?

Qui est ton artiste préféré(e) ? Pourquoi ?

b. À deux. Pose les questions à ton/ta camarade.

 Activité En groupes. Choisissez une comptine francophone, apprenez le texte et chantez la chanson à la manière d'un artiste de slam, de rap ou de rock. Vous pouvez vous inspirer de votre artiste préféré(e).

Souviens-toi !

▶ **Nommer des genres musicaux**

– Tu aimes quel genre de musique ?
– J'adore le rock !

▶ **Demander et dire son artiste préféré(e)**

– Qui est ton artiste préféré(e) ?
– Mon artiste préférée, c'est Suzane.

▶ **Donner son appréciation**

– Ça me plaît (beaucoup) ! / Ça ne me plaît pas !
– C'est chouette ! C'est sympa ! / C'est nul.
– J'aime sa voix grave et ses textes.

• **La musique :**
  ▸ **les professions** : un/une artiste – un chanteur / une chanteuse – un musicien / une musicienne
  ▸ **les genres** : le slam – le rap – le rock – la musique classique – la pop – l'électro
  ▸ **le rythme** : C'est lent. – C'est rapide.
  ▸ **l'ambiance** : C'est dansant. – C'est calme.
  ▸ **la voix** : C'est une voix grave. – C'est une voix aiguë.

Tu joues d'un instrument ?

1 Regarde le dessin et réponds.

   a. À ton avis, pourquoi les enfants font de la musique ? Qu'est-ce qu'ils préparent ?

   b. Est-ce que cette fête existe dans ton pays ? dans ta ville ?

 2 Écoute, montre l'instrument sur le dessin et répète son nom.

 3 Écoute les phrases et réponds.

4 Regarde encore le dessin.

   a. Lis et complète le dialogue.

– Tu joues d'un instrument ?

– Oui, je joue d'un instrument. Je ne joue pas de trompette. Je ne joue pas de batterie. Je suis une fille. Je suis … . Je joue de quel instrument ?

– Et toi ? Tu joues d'un instrument ?

– Oui, je joue d'un instrument. Je ne joue pas de violon. Je ne joue pas de guitare. Je suis un garçon. Je suis … . Je joue de quel instrument ?

– Et vous ? Vous jouez d'un instrument ?

– Non, nous ne jouons pas d'un instrument mais nous chantons. Nous sommes … .

   b. **En groupes.** Votre professeur choisit un enfant. Écrivez une devinette et demandez à un autre groupe de lire votre texte et de répondre.

Parcours 6
Nos activités

 5 **Le loto des instruments de musique**

Avec ta classe.

a. Prenez quatre pions et cachez quatre instruments.

b. Écoutez et enlevez les pions correspondants aux instruments.

c. Tu as enlevé tous tes pions ? C'est gagné ! Il y a encore un ou des pions ? C'est perdu !

du piano — du violon — de l'accordéon
des congas — de la guitare — de la trompette — de la batterie

6 a. Lis la question et réponds oralement ou sur une feuille.

Tu joues d'un instrument ?

b. **Avec ta classe.** Écrivez la liste de tous les instruments de la classe. Ensemble, vous pouvez jouer quel genre de musique ? De la musique classique, du rock, de l'électro… ?

 Vidéo En groupes. Avec votre professeur(e), allez sur Internet et tapez dans la barre de recherche « 2017 – jouer – Calogero ». Regardez le clip. Vous reconnaissez quels instruments ? C'est quel genre de musique ? Quel est le titre de la chanson ?

Souviens-toi !

▶ **Dire de quel instrument on joue**

– Tu joues d'un instrument ?
– Oui, je joue du piano, de l'accordéon, de la trompette et des congas.
– Non, je ne joue pas d'un instrument mais je chante.

- je **joue** du piano – tu **joues** de l'accordéon – il/elle/on **joue** de la guitare – nous **jouons** de la batterie – vous **jouez** de la trompette – ils/elles **jouent** des congas
- **Les instruments de musique** : le piano – le violon – l'accordéon – la guitare – la trompette – la batterie – les congas

Qu'est-ce que tu vas faire pendant les vacances ?

LEÇON 3

1 Regarde la page du site Internet et choisis la bonne réponse.
   a. C'est un document sur : les activités scolaires • une colonie de vacances • le sport.
   b. Les vacances commencent : le 15 juin • le 17 juillet • le 28 juillet.

2 À deux. Regardez les dessins et trouvez le nom des huit activités sur la page du site.

3 À deux. Rémi, Pomme et Téata parlent de leurs vacances. Écoutez la conversation.

   a. Lisez et répondez.

   Qui va faire du théâtre ?
   Qui va aller à Tahiti ?
   Qui va aller en colonie de vacances ?

   b. Lisez et complétez les phrases.

   | vais faire | vas faire | allons faire | allez faire | va avoir | vont rester | va habiter |

   1. Qu'est-ce que tu …, Pomme ? Je … du théâtre avec Sambo.
   2. Aimé … à Paris. C'est triste !
   3. Nous … de la voile et de l'escalade.
   4. Les jumelles … à Bruxelles parce que leur maman … un bébé.
   5. Vous … de la voile, c'est super !

Parcours 6
Nos activités

 4 **Question pour des champions**

En groupes.

a. Écoutez les devinettes et trouvez l'activité le plus vite possible.

b. Pour répondre, tapez sur la table avec les mains. C'est juste ? Vous gagnez un point. C'est faux ? Les autres équipes peuvent répondre. L'équipe avec le plus de points a gagné.

5 Nous sommes le lundi 17 juillet. Rémi et son cousin Octave sont en colonie de vacances. Regarde l'emploi du temps.

a. Écoute les phrases et dis la date.

b. Écoute. C'est vrai, reste assis. C'est faux, lève-toi et corrige.

c. Trace une ligne sur une feuille et place les mots dans l'ordre chronologique.

cet après-midi • ce matin • demain • ce soir • ce week-end • la semaine prochaine • après-demain

6 a. Lis les questions et réponds oralement ou sur une feuille.

Qu'est-ce que tu vas faire demain ? Qu'est-ce que tu vas faire pendant les vacances ?

b. **À deux.** Pose la question à un/une camarade.

Souviens-toi !

▶ **Parler de ses activités pendant les vacances**

– Qu'est-ce que tu vas faire pendant les vacances ?
– Je vais aller en colonie.

▶ **Se situer dans le temps**

– Qu'est-ce que tu vas faire ce week-end ?
– Je vais faire de la voile.

• **Les activités** : le jeu de piste – le toboggan aquatique – la cuisine – la voile – l'escalade – la danse – les jeux de société – les origamis

• ce matin – cet après-midi – ce soir – demain – après-demain – ce week-end – la semaine prochaine

Nous découvrons

La France d'outre-mer

La France, ce n'est pas seulement la France métropolitaine. Il y a beaucoup d'autres territoires français dans le monde !

1 Regarde la carte et réponds.
  a. Montre la France métropolitaine. Elle se trouve sur quel continent ?
  b. Il y a des territoires français sur quels autres continents ?

2 🎧 080 Regarde les six photos et lis les légendes.
  a. Cherche ces territoires sur la carte (activité **1**).
  b. Écoute et associe les descriptions aux photos.

❶ Saint-Pierre-et-Miquelon
Température annuelle 5,3 °C

❷ La Polynésie française
Température annuelle 26,3 °C

❸ La Réunion
Température annuelle 25 °C

❹ La Martinique
Température annuelle 27 °C

❺ La Guadeloupe
Température annuelle 27 °C

❻ La Guyane
Température annuelle 26 °C

3 Dans les Territoires d'outre-mer, on peut faire beaucoup d'activités.

a. À deux. Regardez les photos, lisez les devinettes et répondez oralement ou sur une feuille.

1. En Guyane, les fusées européennes, comme Ariane, partent de la ville de Kourou. Dans cette ville, tu peux … .
2. À la Réunion et en Guadeloupe, il y a beaucoup de montagnes, de forêts, de cascades et même des volcans. Tu peux … .
3. En Polynésie française, à Saint-Pierre-et-Miquelon, à la Martinique, à la Réunion, en Guyane, tu peux nager pour regarder les poissons, les tortues, les épaves des bateaux… Tu peux … . Tu peux aussi … .

 faire de la plongée.
 observer les baleines.
 faire des promenades dans la nature.
 visiter le musée de l'espace.

b. Quel territoire français tu voudrais visiter ? Pourquoi ? Complète la réponse oralement ou sur une feuille.

Je voudrais visiter … parce que … .

> **Activité** Imagine : tu vas aller en vacances en France d'outre-mer. Choisis un lieu. Fabrique, écris et envoie une carte postale à un/une camarade. Dis où tu es, parle de la météo, des paysages et de tes activités.

Notre projet

Nous organisons la fête de fin d'année

1 Avec ta classe.
  a. Choisissez le lieu de la fête, la date et l'heure.
  b. Choisissez le programme de la fête : de la danse sur une musique française, du théâtre (*Sésame se raconte*), un concours de virelangues, des expositions (croquis-notes, affiches, livre de recettes), une dégustation de plats francophones…

2 À deux. Préparez des affiches et des invitations.

3 Invitez vos familles, vos ami(e)s, des élèves de votre école.

4 Répétez votre spectacle avec votre professeur(e) et amusez-vous !

> Complétez votre croquis-note « Mes activités ».
> → Croquis-note pages 72-73

Jeu d'évasion 6

🎧 081 **1 En groupes.** Écoutez Louane et trouvez la solution des énigmes.

5e de saxophone
5e de clarinette
2e de batterie
6e de violon
3e de trompette

1 Louane joue de quel instrument ? Écrivez la troisième lettre.
Lettre = ?

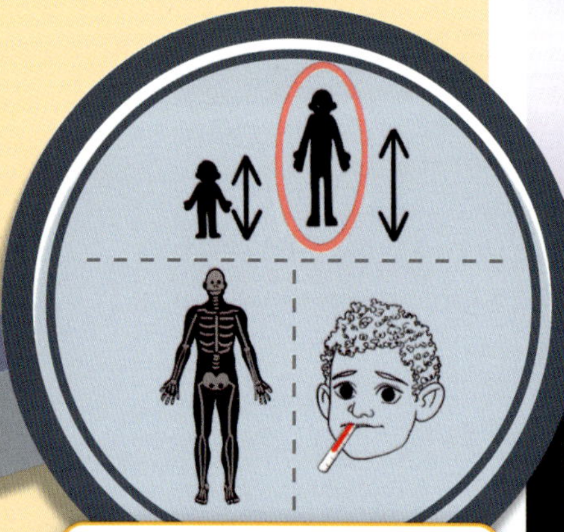

2 Regardez le rébus. Qui est-ce ? Écrivez la première lettre de son nom.
Lettre = ?

🎧 082 **3** Écoutez. C'est quel genre de musique ?
- de la musique classique
- du rap
- de l'électro

Couleur = ?

🎧 083 **2 Mission réussie ? Écoutez.**

68 • soixante-huit

Quiz des talents

1 Lis le quiz et écris sur une feuille les numéros qui te correspondent.

1. J'adore aller à la bibliothèque.
2. J'adore écouter de la musique.
3. Je veux être architecte.
4. J'adore cuisiner.
5. J'adore faire du théâtre avec mes ami(e)s.
6. Mon loisir préféré, c'est me promener dans la nature.
7. J'adore calculer les prix quand j'achète des vêtements.
8. J'adore faire mon croquis-note.
9. J'aime jouer aux jeux d'évasion.
10. J'aime chatter avec mes ami(e)s.
11. J'aime préparer et présenter des exposés.
12. Je sais lire un plan.
13. J'aime faire du sport.
14. Je connais mon futur métier.
15. J'aime voyager et découvrir des paysages.
16. Ma personnalité préférée, c'est Albert Einstein.
17. J'aime jouer seul(e).
18. Je déteste les zoos dans les villes.
19. J'aime réciter des petits textes dans ma langue maternelle ou dans une autre langue.
20. Je joue d'un instrument de musique.
21. J'aime danser quand j'écoute de la musique.
22. Je peux indiquer un chemin.
23. J'aime les exercices de prononciation de Sésame.
24. J'aime poser des questions.

2 🎧 084 Écoute le code couleur, colorie tes numéros et dis tes trois couleurs principales.

3 Regarde les dessins.
a. Trouve les personnages qui correspondent à tes trois couleurs principales.
b. Lis leurs conseils pour bien apprendre. Qu'est-ce que tu fais déjà ? Qu'est-ce que tu vas faire l'année prochaine ?

Activité Compare tes résultats avec les résultats du quiz de Sésame 1.

Comme Charline, recopie tes leçons et fais tes devoirs seul(e) dans ta chambre.

Comme Charlotte, fais tes devoirs et apprends tes leçons avec un adulte ou des ami(e)s.

Comme Aimé, classe les nouveaux mots et imagine des astuces pour apprendre tes leçons.

Comme Téata, illustre les mots nouveaux dans tes leçons. Apprends tes leçons dans ton jardin ou au parc.

Comme Sambo, invente une histoire pour apprendre tes leçons. Récite tes leçons devant un miroir.

Comme Nour, colorie les mots importants pour apprendre tes leçons, fais des schémas.

Comme Pomme, récite tes leçons en bougeant, mime les nouveaux mots.

Comme Rémi, écoute de la musique quand tu fais tes devoirs et apprends tes leçons en chantant.

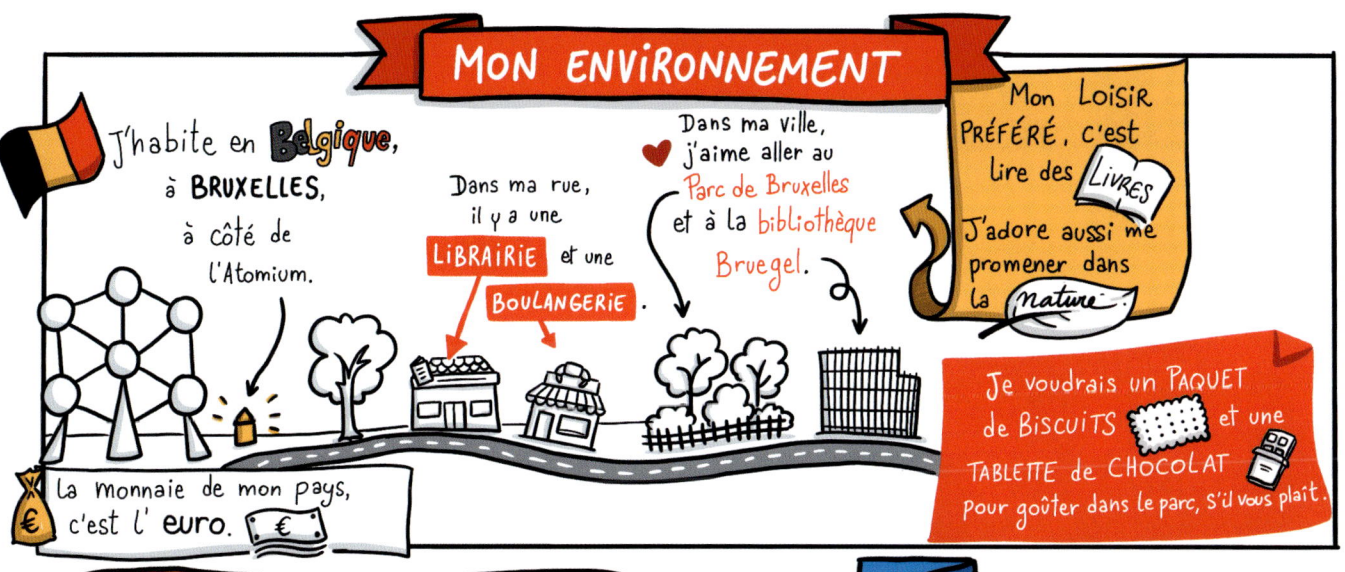

Précis de grammaire

Je viens du Canada. Je ne viens pas du Canada.
Je viens de Suisse. Je ne viens pas de Suisse.
Je viens des États-Unis. Je ne viens pas des États-Unis.

du • de l' • de l' • de la • des

je mange

| du poisson | de l'œuf | de l'omelette | de la salade | des œufs |

Je mange du poisson. Je **ne** mange **pas** de poisson.
Je mange de l'œuf. Je **ne** mange **pas** d'œuf.
Je mange de l'omelette. Je **ne** mange **pas** d'omelette.

Je mange de la salade. Je **ne** mange **pas** de salade.
Je mange des œufs. Je **ne** mange **pas** d'œufs.

du • de l' • de la • des

je joue

| du piano | de l'accordéon | de la trompette | des congas |

Je joue du piano. Je **ne** joue **pas** de piano.
Je joue de l'accordéon. Je **ne** joue **pas** d'accordéon.

Je joue de la trompette. Je **ne** joue **pas** de trompette.
Je joue des congas. Je **ne** joue **pas** de congas.

du • de l' • de la • des

je fais

| du théâtre | de l'athlétisme | de l'escalade | de la voile | des haltères |

Je fais du théâtre. Je **ne** fais **pas** de théâtre.
Je fais de l'athlétisme. Je **ne** fais **pas** d'athlétisme.
Je fais de l'escalade. Je **ne** fais **pas** d'escalade.

Je fais de la voile. Je **ne** fais **pas** de voile.
Je fais des haltères. Je **ne** fais **pas** d'haltères.

au • à l' • à l' • à la • aux

j'ai mal

| au dos | à l'œil | à l'oreille | à la jambe | aux mains |

J'ai mal au dos. Je **n'**ai **pas** mal au dos.
J'ai mal à l'œil. Je **n'**ai **pas** mal à l'œil.
J'ai mal à l'oreille. Je **n'**ai **pas** mal à l'oreille.

J'ai mal à la jambe. Je **n'**ai **pas** mal à la jambe.
J'ai mal aux mains. Je **n'**ai **pas** mal aux mains.

au • à l' • à l' • à la • aux

je vais / je suis / je mange

| au centre commercial | à l'épicerie | à la brasserie | aux Galeries Lafayette |

Je vais au centre commercial. Je **ne** vais **pas** au centre commercial.
Je vais à l'épicerie. Je **ne** vais **pas** à l'épicerie.

Je vais à la brasserie. Je **ne** vais **pas** à la brasserie.
Je vais aux Galeries Lafayette. Je **ne** vais **pas** aux Galeries Lafayette.

soixante-quinze • 75

Précis de grammaire

à • au • en • aux

je suis / je vais / j'habite

| à Bruxelles | au Brésil | en Allemagne | en France | aux États-Unis |

Je suis à Bruxelles. Je **ne** suis **pas** à Bruxelles.
Je suis au Brésil. Je **ne** suis **pas** au Brésil.
Je suis en Allemagne. Je **ne** suis **pas** en Allemagne.
Je suis en France. Je **ne** suis **pas** en France.
Je suis aux États-Unis. Je **ne** suis **pas** aux États-Unis.

en • à

je voyage

| en train – en bus – en voiture – en avion – en bateau | à pied – à vélo – à moto |

sur

devant

entre

à droite (de)
à côté (de)

sous

derrière

dans

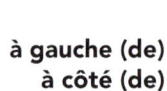
à gauche (de)
à côté (de)

Ils/Elles sont comment ?

Il est	Elle est	Il est	Elle est	Il est	Elle est
bleu	bleue	rouge	rouge	blanc	blanche
vert	verte	rose	rose	gros	grosse
petit	petite	marron	marron	actif	active
bavard	bavarde	jaune	jaune	curieux	curieuse
méchant	méchante	timide	timide	beau	belle
				gentil	gentille

Quelle est leur nationalité ?

Il est	Elle est	Il est	Elle est	Il est	Elle est
français	française	belge	belge	canadien	canadienne
allemand	allemande			cambodgien	cambodgienne
américain	américaine				
béninois	béninoise				

Quel est leur métier ?

Il est	Elle est	Il est	Elle est	Il est	Elle est
professeur docteur	professeur**e** docteur**e**	architecte vétérinaire	architecte vétérinaire	cuisinier pharmacien	cuisini**ère** pharmacien**ne**

Moi, je regarde la télévision.
Toi, tu préfères écouter la radio.
Lui, il parle beaucoup.
Elle, elle porte une jolie robe.

Nous, nous chantons en français.
Nous, on aime lire des livres.
Vous, vous restez en France.
Eux, ils parlent français.
Elles, elles écoutent leur professeur.

---

un peu / très

Il est **un peu** timide.
Il est **très** timide.

un peu de / beaucoup de

Elle mange **un peu de** légumes.
Elle mange **beaucoup de** légumes.

---

avoir

OUI	NON
J'**ai** 11 ans. Tu **as** une sœur. Il **a** un frère. Elle **a** peur.	Je **n'ai pas** 11 ans. Tu **n'as pas** de sœur. Il **n'a pas** de frère. Elle **n'a pas** peur.
On **a** chaud. Nous **avons** chaud.	On **n'a pas** chaud. Nous **n'avons pas** chaud.
Vous **avez** sport. Ils **ont** mal. Elles **ont** les cheveux noirs.	Vous **n'avez pas** sport. Ils **n'ont pas** mal. Elles **n'ont pas** les cheveux noirs.

être

OUI	NON
Je **suis** belge. Tu **es** petit. Il **est** grand. Elle **est** en 6ᵉ.	Je **ne suis pas** belge. Tu **n'es pas** petit. Il **n'est pas** grand. Elle **n'est pas** en 6ᵉ.
On **est** jeunes. Nous **sommes** jeunes.	On **n'est pas** jeunes. Nous **ne sommes pas** jeunes.
Vous **êtes** fâchés. Ils **sont** malades. Elles **sont** tristes.	Vous **n'êtes pas** fâchés. Ils **ne sont pas** malades. Elles **ne sont pas** tristes.

---

s'appel**er** • se bross**er** • se cach**er** • se coiff**er** • se couch**er** • s'habill**er** • se lev**er** • se lav**er** • se promen**er** • se réveill**er**

OUI	NON
Je m'app**elle** Aimé. Tu t'app**elles** Nour. Il s'app**elle** Sambo. Elle s'app**elle** Pomme.	Je **ne** m'app**elle pas** Aimé. Tu **ne** t'app**elles pas** Nour. Il **ne** s'app**elle pas** Sambo. Elle **ne** s'app**elle pas** Pomme.
On s'app**elle** Pomme et Charlotte. Nous nous app**elons** Pomme et Charlotte.	On **ne** s'app**elle pas** Pomme et Charlotte. Nous **ne** nous app**elons pas** Pomme et Charlotte.
Vous vous app**elez** Rémi et Nour. Ils s'app**ellent** Téata et Aimé. Elles s'app**ellent** Charline et Charlotte.	Vous **ne** vous app**elez pas** Rémi et Nour. Ils **ne** s'app**ellent pas** Téata et Aimé. Elles **ne** s'app**ellent pas** Charline et Charlotte.

Précis de grammaire

acheter • adorer • aimer • ajouter • casser • chanter • chauffer • chatter • continuer • cuisiner • détester • déjeuner • dîner • écouter • goûter • habiter • jouer • manger • marcher • mélanger • nager • parler • passer • porter • préférer • ramper • regarder • rentrer • rester • tourner • traverser • sauter • verser • visiter • voler • voyager

OUI	NON
Je regarde.	Je ne regarde pas.
Tu préfères.	Tu ne préfères pas.
Il parle.	Il ne parle pas.
Elle porte.	Elle ne porte pas.
On chante.	On ne chante pas.
Nous chantons.	Nous ne chantons pas.
Vous restez.	Vous ne restez pas.
Ils parlent.	Ils ne parlent pas.
Elles écoutent.	Elles n'écoutent pas.

⚠ *manger : nous mangeons.
acheter : j'achète, tu achètes, il/elle/on achète, ils/elles achètent.

aller	faire	prendre	mettre
Je vais	Je fais	Je prends	Je mets
Tu vas	Tu fais	Tu prends	Tu mets
Il/Elle/On va	Il/Elle/On fait	Il/Elle/On prend	Il/Elle/On met
Nous allons	Nous faisons	Nous prenons	Nous mettons
Vous allez	Vous faites	Vous prenez	Vous mettez
Ils/Elles vont	Ils/Elles font	Ils/Elles prennent	Ils/Elles mettent

vivre	boire	dormir	venir
Je vis	Je bois	Je dors	Je viens
Tu vis	Tu bois	Tu dors	Tu viens
Il/Elle/On vit	Il/Elle/On boit	Il/Elle/On dort	Il/Elle/On vient
Nous vivons	Nous buvons	Nous dormons	Nous venons
Vous vivez	Vous buvez	Vous dormez	Vous venez
Ils/Elles vivent	Ils/Elles boivent	Ils/Elles dorment	Ils/Elles viennent

lire	pouvoir	vouloir	savoir
Je lis	Je peux	Je veux	Je sais
Tu lis	Tu peux	Tu veux	Tu sais
Il/Elle/On lit	Il/Elle/On peut	Il/Elle/On veut	Il/Elle/On sait
Nous lisons	Nous pouvons	Nous voulons	Nous savons
Vous lisez	Vous pouvez	Vous voulez	Vous savez
Ils/Elles lisent	Ils/Elles peuvent	Ils/Elles veulent	Ils/Elles savent

⚠ *Je voudrais …, s'il vous plaît !

TOI

Traverse • **Tourn**e à gauche / à droite • **Continu**e tout droit • **Pass**e devant

VOUS

Ouvr**ez** ! **N'**ouvr**ez pas** ! • Batt**ez** ! **Ne** batt**ez pas** ! • Arrêt**ez** ! **N'**arrêt**ez pas** !

Cet après-midi, je **vais** faire du théâtre. *(faire)*
Ce soir, tu **vas** mettre un pull. *(mettre)*
Demain, il/elle/on **va** chanter. *(chanter)*
Après-demain, nous **allons** jouer du piano. *(jouer)*
Ce week-end, vous **allez** visiter un musée. *(visiter)*
La semaine prochaine, ils **vont** aller en colonie de vacances. *(aller)*

LUNDI 11	MARDI 12	MERCREDI 13	JEUDI 14	VENDREDI 15	SAMEDI 16	DIMANCHE 17
aujourd'hui ce matin cet après-midi ce soir	demain	après-demain			ce week-end	

LUNDI 18	MARDI 19	MERCREDI 20	JEUDI 21	VENDREDI 22	SAMEDI 23	DIMANCHE 24
la semaine prochaine						

Est-ce que • Qu'est-ce que • Que • Qui • Quel(le) • Quand • Où • Comment • Combien ?

Est-ce qu'il y a une boulangerie ?

Qu'est-ce que tu veux faire ?
Qu'est-ce qu'ils savent faire ?
Qu'est-ce qu'il y a dans ta ville ?
Qu'est-ce que tu achètes ?

Que font les membres de ta famille ?

Qui est-ce ?
Tu manges avec **qui** ?
Qui est ton artiste préféré ?

Tu as **quel** âge ?
Quel est ton caractère ?
Quelle est ta nationalité ?
C'est de **quelle** couleur ?
C'est **quelle** saison ?
Tu aimes **quels** animaux ?

C'est **quand** ton anniversaire ?
Tu es né(e) **quand** ?

Tu viens d'**où** ?
Tu vis **où** ?
Tu manges **où** ce midi ?
Où est la librairie, s'il vous plaît ?

Comment tu t'appelles ?
Comment ça va ?
Tu es **comment** ?
Ils sont **comment** ?
Tu vas t'habiller **comment** demain ?

Combien coûte ce livre ?

Tu as des animaux ?

Couverture : EIDOS - TORINO
Maquette intérieure : EIDOS - TORINO
Adaptation graphique : Anne Krawczyk
Mise en page : Anne Krawczyk

Illustrations : Caroline Simon (leçons et personnages) ; Agnès Kiefer (salle Albert Einstein) ; Rémi Barbedienne (salle Ruth Buendia) ; David Thiolon (salle Fernand Raynaud) ; Georgia Wolinski (salle Oscar Niemeyer) ; Étienne Simon (salle Rougui Dia) ; Caroline Simon (salle Louane), Zelda Zonk (pages 8-9) ; © Paule ANDRE, SPRL InnerFrog (Croquis-note, pages 72-73).

Photos : © Shutterstock sauf p. 13 © Nathalie Guyon ; p. 14 © Alamy (photos 1 et 3) ; p. 26 © Alamy (René Magritte, *Le beau Monde*, 1960 (© Adagp, Paris, 2021) ; Katsushika Hokusai, *The Great Wave* ; Jean-Francois Millet, *Les Glaneuses* ; Pieter de Hooch, *La Peleuse de pommes*, c. 1663 © Wallace Collection, London, UK / Bridgeman Images ; p. 29 © Alamy PA Images (Amazon River, photographie de Ruth Buendia) ; p. 39 © Keystone Press / Alamy (portrait de Fernand Raynaud, 1973) ; p. 40 © Lourens Smak / Alamy (photo 1, Centre commercial City 2, Bruxelles), © Nathaniel Noir / Alamy (photo 5, Musée Magritte, Bruxelles), © Wiktor Dabkowski/ZUMA Wire/Alamy Live News (photo 6, Stade Roi Baudouin, Bruxelles) ; © Bibliothèque Bruegel, Ville de Bruxelles (photo 3) ; p. 46 © Jochen Tack / Alamy (photo b, musée de la Bande Dessinée, Bruxelles), © Prisma by Dukas Presseagentur GmbH / Alamy (photo d, Atomium, Bruxelles) ; p. 49 © zoran milich / Alamy (portrait de Oscar Niemeyer dans son studio) ; p. 56 © Simon Reddy / Alamy (activité 2, photo 3, Mouhalabieh) ; p. 59 © Audrey Poree/ABACAPRESS.COM, Abaca Press / Alamy (photo de Rougui Dia, 2014) ; p. 60 © Melanie Lemahieu/Shutterstock (photo 1, Bigflo et Oli, concert au Paleo Festival, 2018, Suisse) ; © Georg Wendt/dpa/Alamy Live News (photo 2, Suzane, concert à Hamburg, Allemagne, le 19 septembre, 2020) ; © Frederique Toulet / Bridgeman Images (photo 3, Alexandre Tharaud au piano, Cité de la musique, Paris, 2009) ; © ABACAPRESS.COM / Alamy (photo 4, Dyonisos, Le théâtre Marigny, Paris, 2009) ; © Andre Ferreira/Icon Sport Cal Sport Media / Alamy (photo 5, Grand Corps Malade, Issy-les-Moulineaux, 2014), © Nasser Berzane/ABACAPRESS.COM / Alamy (photo 6, Louane, 31e Victoires de la musique, Paris).

Audio et vidéo : p. 16 © *La migration bigoudenn*, Animation Short Film 2004, Les Gobelins, école de l'image ; p. 33 © *La routine quotidienne*, Ma cousine française (Elena Picazo) ; p. 51 © *Unis pour la santé des enfants, Le petit déjeuner*, United for Healthier Kids (Suisse), Nestlé Suisse ; p. 47 © *Bruxelles, la capitale de la Belgique* par Hélène Cormier, wanderingfrench.com. Sous licence Creative Commons Attribution (CC BY).

Enregistrements audio, montage, mixage : Quali'sons, David Hassici

Nous remercions Jean-Thierry Le Bougnec pour sa collaboration à Sésame.

Nous avons fait tout notre possible pour obtenir les autorisations de reproduction des vidéos et photos publiées dans cet ouvrage. Dans le cas où des omissions ou des erreurs se seraient glissées dans nos références, nous y remédierons dans les éditions à venir.

ISBN : 978-20-1711279-2
© Hachette Livre 2021.

Le code de la propriété intellectuelle n'autorisant, aux termes des articles L. 122-4 et L. 122-5, d'une part, que « les copies ou reproductions strictement réservées à l'usage privé du copiste et non destinées à une utilisation collective » et, d'autre part, que « les analyses et les courtes citations » dans un but d'exemple et d'illustration, « toute représentation ou reproduction intégrale ou partielle, faite sans le consentement de l'auteur ou de ses ayants droit ou ayant cause, est illicite ». Cette représentation ou reproduction, par quelque procédé que ce soit, sans autorisation de l'éditeur ou du Centre français de l'exploitation du droit de copie (20, rue des Grands-Augustins, 75006 Paris), constituerait donc une contrefaçon sanctionnée par les articles 425 et suivants du Code pénal.

Achevé d'imprimer en octobre 2024 par GRAFO - Espagne - Edition n°05 - Dépôt légal: novembre 2021 - 81/3409/9